LA CAMPAGNE,
SECONDE PARTIE.

CHAPITRE I.

Qui apprendra aux jeunes Demoiselles à prendre bien garde aux promesses qu'elles font aux vieilles Parentes.

SI-TÔT que le pauvre Stanley fut parti, il vint dans l'esprit à Miss Betty, que peut-être il ne seroit pas à propos que sa vieille Dame sçût qu'il étoit venu. Ainsi, allant trouver sa maitresse, elle l'aborda avec plus de liberté qu'à l'ordinaire. Madame, lui dit-elle, défendrai-je à

II. Partie. A

Jean de dire à Madame, que M. Stanley est venu ici ? C'est un fort bon enfant ; je suis convaincue qu'il fera tout ce que vous lui commanderez : sûrement ce seroit dommage ...... Il y avoit dans l'esprit de Léonore une certaine délicatesse qui ne lui permettoit pas de se mettre au niveau de sa femme de chambre. Elle sçavoit fort bien que, si-tôt qu'un maître ou une maitresse met un domestique de moitié dans ses secrets, dès le moment, toute supériorité est détruite, toute distinction s'évanouit. Cela mortifia tout d'un coup Léonore, j'ai presque dit, *son orgueil* ; & peut-être n'étoit-ce pas si mal à propos ; car elle en avoit de l'orgueil, mais de cet orgueil, qui l'empêchoit de faire jamais aucune action basse ni mal-séante. C'est pourquoi elle s'éleva & étonna bien Miss Betty, en lui disant : Que voulez-vous dire avec cette bêtise ? Pourquoi ma grand'maman ne le sçauroit-elle pas ? Oui, sûrement, il n'y a point de secret à en faire, que je sçache. La femme de chambre, qui craignoit encore de perdre sa place, par dessus le marché, fut un peu allarmée, & s'écria : Mon Dieu ! Madame, je vous

prié de fonger..... Taifez-vous, impertinente, répondit la jeune Demoifelle,
qu'elle foupçonnoit maintenant d'être un
peu...... Mais la vérité étoit que Léonore avoit l'efprit en quelque façon fi
tranquille & à fon aife, depuis qu'elle
avoit pris la réfolution de ne point ſe
marier avant l'âge de vingt-un ans, (quoique peut-être y avoit-elle mis une petite
reſtriction, fçavoir, à moins que ce ne
fût à un homme qu'elle aimoit,) qu'elle
fe détermina à ne point faire à fa grand'-
maman un myſtère de la vifite de Stanley : à la vérité, elle n'avoit pas deffein
de lui en détailler les particularités, &
ce qu'elle croyoit pouvoir facilement cacher. Sa vifite, au refte, étoit pour la
Dame & non pour elle. Auffi, à
peine Lady Filmore fut-elle de retour,
que Léonore lui dit en fouriant : Qui
croiriez-vous, Madame, qui eſt venu
aujourd'hui ? Qui, mon enfant, demanda
la vieille Dame?..Qui?Monfieur Stanley,
répliqua Miff; il eſt venu pour vous faire
une vifite. A moi une vifite ? reprit la
Douairiere, prefque hors d'haleine. Miff
Betty qui étoit préfente, & qui vit le
trouble de fa maitreffe, commença à trem-

bler pour elle-même, & crut qu'il étoit
tems de se mêler de la conversation. Ah!
oui, Madame; ne vous en déplaise ; en
vérité, Madame, c'étoit une visite pour
vous : j'en suis témoin , Madame , j'ai
toujours été assise ici , & je n'ai jamais
été plus..... Eh! qui vous fait des questions, babillarde impudente , répliqua
Lady Filmore , en l'interrompant ? sor-
tez d'ici , allez vous-en là-haut. La servante auroit voulu soutenir son argument ; mais la Dame étoit impérieuse ,
& la fit sortir. Ensuite revenant à sa
petite fille , & se remettant un peu. Oh !
mon enfant ! malheureuse fille ! qu'allez-
vous devenir ? Pouvez-vous encore con-
server des idées pour ce méchant garne-
ment de Stanley ? Quelle honte ! Cette
algarade fit répandre un torrent de larmes à Léonore , qui, à la fin , répondit
d'un ton entrecoupé de sanglots: Qu'ai-je
donc fait , Madame ? cela est bien dur.
Oui-da ! répliqua la vieille Dame en colere , comment osez-vous voir encore
ce garçon? Je ne sçais comment la chose
se fit : soit que ce mot de *garçon* l'eût
choquée , soit qu'elle crût avoir alors le
bon droit de son côté ; mais elle lui ré-

pondit avec plus de courage & de liberté, qu'elle n'avoit jamais fait jusqu'alors: Qu'appellez-vous, ce *garçon*, Madame ? S'il y avoit quelqu'un, que vous ne vouliez pas qu'on reçût ici, vous deviez ordonner à vos gens de ne pas le laisser entrer. Quant à Monsieur Stanley, je vous proteste, que je ne m'attendois pas le moins du monde à le voir, jusqu'à ce qu'il a ouvert la porte de la salle à manger ; & il m'a dit qu'il venoit pour vous rendre une visite. Lady Filmore ne sçavoit que penser de tout cela ; elle ne pouvoit se persuader qu'il fût venu réellement pour la voir ; cependant elle commença à croire que ce n'étoit point un arrangement concerté, parce qu'elle jugeoit Léonore incapable de soutenir une fausseté. Ensuite il lui vint à l'esprit, que cette prétendue visite pour elle, n'avoit été qu'un prétexte imaginé par Stanley. Mais comment avoit-il pu sçavoir qu'elle étoit sortie ? Elle tourna ses soupçons assez justement sur Miss Betty, & en conséquence, elle résolut de s'en défaire. Alors prenant un ton plus doux : Léonore, dit-elle, je crois tout ce que vous me dites :

mais, mon enfant, je ne puis m'empêcher de concevoir des allarmes, quand il est question de votre intérêt. N'ai-je pas eu raison d'imaginer quelque chose, en voyant l'empressement de cette impertinente domestique, pour s'excuser? Mais dites-moi, ma chere, puisque cette visite étoit pour moi, comment s'est-il fait que vous l'ayez vu? Le voici, Madame; j'ai appris par Betty, que Jean avoit dit que vous n'étiez pas au logis; qu'il avoit répondu qu'il vous attendroit, & qu'il étoit monté tout de suite dans la salle à manger, où j'étois; & moi j'ai cru qu'il seroit impoli de le laisser seul. Il y avoit quelque raison dans cette conduite; ainsi la vieille Dame passa à une autre question. Mais dites-moi, je vous prie, ma chere, pourquoi donc n'est-il pas resté jusqu'à mon retour? Vous a-t-il dit ce qu'il me vouloit? ou bien reviendra-t-il une autre fois? La réponse à cette question ne se présenta pas si vîte qu'à la précédente. Ce ne fut pas sans hésiter un peu, que la pauvre Léonore répondit: Non, Madame, il ne me l'a pas dit; & vous sçavez que je ne pouvois pas décemment le lui demander; il n'a pas dit non-plus s'il reviendra , & je n'ai pas cru devoir m'en informer. Tout cela ne satisfit pas beaucoup Lady Filmore , qui continua ainsi ses interrogations : mais ne pouvez-vous pas deviner à-peu-près ce qu'il a à me dire ? De quoi vous a-t-il entretenue ? Une jeune fille en pareil cas, quelque haine qu'elle puisse avoir pour le mensonge , ne manquera pas néanmoins de broder un peu sur un peu de vérité. Il étoit vrai que George lui avoit parlé du Lord Belfont ; elle saisit cette circonstance , & dit : Non , Madame, je ne sçais pas : sans doute il veut vous entretenir du Lord Belfont ; car il a parlé de lui , & en a fait l'éloge ; réellement je ne sçais guères ce qu'il en a dit ; mais, ma chere grand'maman , si vous avez quelqu'amitié pour moi , ne me contraignez jamais de voir cet homme , je vous en supplie. Lady Filmore conclut que ce Lord étoit arrivé à la Ville, que George lui en avoit parlé , & que ses sentimens pour George étoient la cause de ses craintes au sujet du Lord Belfont. Elle ne s'étoit peut-être pas tout-à-fait trompée sur ce dernier point ; pour le premier , sa pénétration étoit en défaut;

A iv.

ear Belfont n'étoit pas encore arrivé à Londres, quoiqu'il y vint un ou deux jours après. Sûrement, mon enfant, lui dit-elle, vous devez vous appercevoir vous-même, que ce jeune homme eſt un méchant & un ingrat, de peindre ſous des couleurs déſavantageuſes le Lord Belfont, qui a été autrefois ſon ami. Oh! non, Madame, dit Miſſ; en vérité, il ne l'a pas fait: mais vous ſçavez bien que le Lord Belfont eſt un mauvais ſujet. Sûrement, mon enfant, répliqua la vieille Dame, avec un peu de chaleur, l'autre eſt bien auſſi mauvais, & même plus méchant encore par ſon ingratitude envers ce Lord. Mais comme cette Dame n'avoit aucun deſſein de le ſervir, elle crut que c'étoit une circonſtance favorable pour le détruire, auſſi bien que Stanley, dans l'eſprit de ſa petite-fille; & le tout, ſans paroître s'éloigner beaucoup des ſentimens extérieurs d'un naturel bon & doux: ainſi, ſans faire rien paroître de ſes vues, en faveur de M. Lloïd, elle continua ainſi: Eh! bien, Léonore, je n'ai aucune envie de vous contraindre, même pour votre propre bien; & je vous promets de ne jamais vous preſſer pour le Lord Belfont ; mais c'eſt à condition que, de votre part, vous me promettrez de ne jamais voir ni entretenir correſpondance avec le jeune Stanley, ni perſonne de ſa famille. La jeune Demoiſelle, qui n'apperçut pas les bancs de ſable & les écueils cachés qui devoient ſe rencontrer , quand tout ſeroit en apparence plus tranquille, & qui crut avoir échappé à une violente tempête , ouvrit ſon cœur aux ſentimens de la reconnoiſſance; elle promit de ne jamais rien faire que de l'agrément de ſa grand'maman ; pour commencer à l'éprouver & rendre les choſes plus ſûres, Lady Filmore la pria de congédier Betty , ſa femme de chambre ; Léonore , qui n'avoit pas beaucoup de conſidération pour elle, y conſentit ; enſuite elles dînerent enſemble de la meilleure humeur du monde. Dans l'après-dînée , Madame Lloïd vint rendre viſite à Lady Filmore, & ayant amené ſes deux filles, pour tenir compagnie à Miſſ, les deux meres ſe renfermerent enſemble pendant deux bonnes heures.

Madame Lloïd annonça à cette Dame qu'elle avoit déja parlé de l'affaire projettée entre elles ; & que ſon fils , en étoit charmé au dernier point ; de sorte que, pour consommer entierement la chose , il ne manquoit plus que l'aveu du grand-pere, & encore une autre petite bagatelle , le consentement de la jeune Demoiselle. On laissa le premier à Lady Filmore ; pour l'autre, on jugea qu'il seroit plus à propos de s'en reposer sur le jeune homme lui-même. Car, dit Madame Lloïd, elle croira que ce parti viendra de son propre choix; au lieu que, si vous lui en parlez , elle ne voudra pas le souffrir. Les filles d'ordinaire ne goûtent pas les partis que les vieilles choisissent. En effet, Lady Filmore , ajoûta-t-elle , il n'en faut pas être surpris ; nous avons été comme cela nous-mêmes.

La Douairiere ne fit que sourire ; & j'en suis fâché : car si elle fût convenue du fait tout bonnement, j'aurois pris cela pour une maxime universelle chez le sexe ; au lieu que son silence laisse la chose encore dans le doute. Retournons maintenant au Lord Belfont.

CHAPITRE II.

Visite d'un Lord chez un Banquier.

LE Lord Belfont, après avoir écrit à Martin, fit le moins de séjour qu'il put à Bath. Arrivé à Londres, il se fit habiller sur le champ, pour aller voir M. Scrape, & le remercier de ce qu'il avoit bien voulu l'agréer pour son petit fils. Scrape étoit, comme nous l'avons vu, un de ces hommes qui, de rien, sont parvenus à une fortune très-considérable. Il est assez ordinaire à ces sortes de gens, d'avoir toujours leur propre humiliation à la bouche. Ont-ils seulement un plat sur leur table ? c'est, à leur avis, un fort bon dîner : ce n'est pas en mangeant qu'on devient riche. Leur habit est-il tout-à-fait usé, & montre-t-il la corde ? ce n'est pas en portant des habits magnifiques qu'ils ont fait leur fortune. Ils ne sont point honteux de ce qu'ils ont été autrefois ; ils avouent volontiers, que tout ce qu'ils possédent, vient de leur propre industrie. Montrez-moi un Lord, disent-ils, aux lettres de change de qui l'on faſſe auſſi bien honneur qu'aux miennes ; cependant je n'étois autrefois qu'un pauvre garçon. En un mot , ils mépriſent la naiſſance , la pompe , la magnificence extérieure, les titres ; ils ne vont jamais à la Cour. Quel beſoin ont-ils de connoître la Nobleſſe ? cependant ſi quelque affaire amene un homme titré chez eux , le cœur leur enfle , leurs yeux roulent de côté & d'autre , pour voir ſi quelques voiſins ſont témoins de leur gloire. Si ce Seigneur leur prend la main , cette main fût-elle tourmenté des plus violentes douleurs de la goutte, ils le ſouffriront , & ne feront pas le moindre mouvement, pour retirer cette main ſale, juſqu'à ce qu'il plaiſe au Lord de la laiſſer aller de lui-même : bien entendu, ſi ce Seigneur eſt riche ; car s'il eſt pauvre, alors ils le mépriſent réellement , & ne manqueront pas de le rebuter. Voilà préciſément l'homme à qui le Lord Belfont avoit affaire , dans la perſonne de Scrape ; mais il connoiſſoit le monde, n'ignoroit pas même le caractere de celui avec qui il avoit à traiter. Quelques momens avant ſon arrivée , un laquais bien vétu apporta à Scrape une lettre, & lui dit qu'il venoit pour lui parler d'affaires. Scrape fut tout en l'air, il mit fa plus belle cravatte & fon vieil habit le plus frais, raccommoda les rouleaux de fes bas ; bientôt après, un grand fracas annonça l'arrivée du Pair. Scrape ne fçavoit où le recevoir. Il avoit toutes les envies du monde de faire voir qu'il n'étoit pas fi enthoufiafmé de l'honneur qu'il lui deftinoit. Mais fes jambes l'emporterent & le conduifirent à la portiere du carroffe, avant que le Lord en pût defcendre. Il le mena donc dans la falle à manger, & fit remarquer toute cette apparence embaraffée & fotte qu'a néceffairement un homme, qui ne veut pas être vu fous fon propre caractere, & qui veut en prendre un autre, auquel il n'eft pas accoutumé. Les manieres unies, fimples & modeftes d'un commerçant n'ont rien de ridicule en elles - mêmes : elles équivalent à la politeffe & à la bonne éducation d'un Gentilhomme : mais une complaifance exceffive, des révérences fur révérences, des civilités multipliées jufqu'à l'impertinence, dans un homme qui manque de fçavoir-vivre, font ab-

furdes, & doivent abfolument le paroître.
Scrape fe trouvoit dans le plus grand embarras ; il ne fçavoit s'il devoit s'affeoir
ou refter de bout, s'il devoit parler ou
garder le filence. Heureufement pour
lui , il étoit avec un homme qui poffédoit le rare & heureux talent de rendre
chacun à fon aife & content de lui-même , en ne paroiffant pas s'appercevoir
de rien de déplacé , & en mettant les
gens fur le ton de bien faire , fans leur
laiffer voir que c'eft lui qui les dirige.
En trois minutes de tems il furent affis,
& Scrape fut auffi familier avec lui qu'il
auroit été avec M. Slim , le confifeur ;
Monfieur Blueball, le fripier , ou tout
autre de fes fages & dignes voifins. Quand
ils en vinrent à parler d'affaire , Scrape
voulut fe faire un peu valoir , & eut
foin de lui infinuer, que pour lui il auroit été bien aife que fa petite-fille eût
époufé un commerçant ; il auroit peut-
être continué plus long-tems ce difcours,
fi le Lord Belfont n'eût foutenu la converfation , & parlé fi favorablement du
commerce & des marchands , que Scrape
en fut frappé de furprife & d'étonnement.
Ce Lord fçachant auffi combien Scrape

étoit attaché à fon propre intérêt , ne manqua pas de lui faire entendre , qu'il feroit charmé d'employer le peu de crédit qu'il avoit à la Cour , s'il y avoit quelque chofe dans les entrées , les entreprifes des vivres , la marine ou autre chofe femblable , qui lui convínt , pour que le grand-pere de Miff Filmore pût y être intéreffé. Outre cela , il offrit d'affurer à fon époufe quinze cents livres fterlings de revenu , & le refte de fon bien , qui , foit dit en paffant , n'étoit pas beaucoup plus confidérable , aux enfans. Quant à la fortune de Scrape , il laifferoit à fa générofité la liberté d'en faire , à fa mort , telle difpofition qu'il jugeroit à propos. Notre bourgeois fut enchanté , tranfporté d'aife. Toutes les paffions de fon ame , fon orgueil , fon avarice , y trouvoient leur compte. Si jamais il avoit eu de l'amitié ou quelque égard perfonnel pour quelqu'un , ce fut pour le Lord Belfont. Il appella fa femme , & lui dit , dans le tranfport de fa joye , tout ce dont il étoit queftion : c'étoit une femme décente & bien élevée. Sans partager les tranfports de fon mari , elle remercia modeſtement le Lord, de l'honneur qu'il daignoit leur faire.

Scrape étoit d'avis que ſans différer l'on paſsât le Contrat. Sa femme s'oppoſa à cette précipitation extrême, avec le peu de crédit qu'elle avoit, qui, à la vérité, étoit fort petit. Milord ſe rangea en quelque ſorte de ſon avis, & demanda ſeulement qu'on le fît, ſi-tôt que tout ſeroit diſpoſé pour cela ; qu'en attendant, comme cela demanderoit néceſſairement un peu de tems, il iroit faire ſa cour à Léonore, chez Lady Filmore. Il ne manqua pas auſſi à la fin de déclarer à Scrape, que le jeune Stanley avoit oſé former des prétentions ſur Léonore. Cette nouvelle ſurprit d'abord Scrape, d'autant plus qu'il ſçavoit que Stanley le pere lui avoit parlé en faveur du Lord Belfont. Mais quand ce jeune Seigneur l'eût convaincu de la vérité du fait, il fut très-charmé de l'apprendre ; car il n'aimoit ni Stanley ni aucun de ſa famille. Cela l'attacha encore plus fortement au Lord Belfont, qui le quitta enfin, & le laiſſa fort ſatisfait de ſa matinée.

Ce Lord écrivit auſſi-tôt à Lady Filmore, une lettre de compliment, pour lui donner avis de ce qu'il venoit de faire, & qu'il se proposoit de profiter, dans l'après - dînée, de la permission que Lady Filmore lui avoit accordée à Bath, d'aller lui faire une visite & à son aimable petite-fille.

La vieille Dame ne fut pas peu embarassée de ce billet. Elle le montra à Léonore, & lui dit que sa promesse l'engageoit à ne pas le rebuter ; qu'il falloit indispensablement lui permettre au moins une visite ; mais qu'elle ne la forceroit jamais, ni même nelui conseilleroit pas d'agréer sa recherche. J'aurai soin d'y être présente moi-même, dit-elle, ma chere ; & s'il vouloit en venir à des explications, vous pourrez lui donner son congé : alors je serai quitte de ma promesse ; & je sçaurai arranger les choses de façon que vous ne serez plus à l'avenir importunée de ses visites. Léonore fit à sa grand'-maman mille remercimens de ses bontés, & jura une obéissance éternelle à toutes ses volontés. Tout ce qu'elle lui diroit, devoit désormais lui servir de loi. Mais hélas ! Léonore ne songeoit guères qu'on dût la mettre si-tôt à l'essai. Quand nous promettons d'obéir, nous

suppofons toujours que les commande-
mens feront dictés par la juftice & la
raifon ; & quel eft le juge de cette juftice
& de cette raifon ? Qui?... nous mêmes,
affurément : ainfi, quand de jeunes De-
moifelles femblent ne pas obferver affez
exactement la réfignation qu'elles ont
promife, ce n'eft point fur elles qu'il
en faut jetter le blâme ; c'eft fur les
peres & les meres ridicules, fur des
grands-peres & grand'meres qui rado-
tent, fur des oncles & des tantes aveu-
gles, fur de vieilles fœurs opiniâtres
& reftées filles, fur des freres aînés im-
pudens, fur des tuteurs durs & barba-
res, qui ne veulent pas écouter la raifon,
fon, & font un mauvaife ufage de leur
autorité. Voilà les gens & les feuls fur
qui doit tomber tout le blâme. Cependant fi les jeunes filles étoient un peu
moins faciles à promettre d'obéir aveu-
glément, cela leur fauveroit quelques
petits reproches défagréables dans la
fuite, lorfqu'elles ont ouvert les yeux,
& qu'elles fentent combien cette obéiffance eft peu convenable. Léonore avoit
de fortes obligations à fa grand'maman,
& la penfée que cette vifite du Lord

Belfont feroit la premiere & la derniere, ne pouvoit que lui donner la meilleure humeur. La vieille Dame avoit envoyé au Lord une réponfe fort polie, mais peu favorable ; difant , qu'elle avoit fait plus qu'elle ne lui avoit promis ; qu'elle avoit fouvent parlé de lui à fa petite-fille, qui lui avoit demandé, les larmes aux yeux , de ne point la contraindre à recevoir la vifite du Milord. Elle affura avec plus de politeffe que de vérité , qu'elle étoit fâchée de le lui déclarer ; mais puifque la chofe étoit ainfi , elle efpéroit qu'il voudroit bien ne pas trouver mauvais , fi malgré le confentement du grand-pere , elle ne pouvoit fouffrir que fa chere petite reçût aucunes vifites contre fon inclination ; d'autant mieux que le confentement du grand-pere ne pouvoit avoir quelque poids, que dans la fuppofition qu'il avoit auffi celui de la Demoifelle. Ce raifonnement de Lady Filmore étoit fort bon , & elle le voyoit bien alors ; mais elle auroit bien changé d'avis , fi on eût transformé la Dame grand'mere à la place du grand-pere Bourgeois. Elle finiffoit fa lettre par dire qu'elle auroit beaucoup de compagnie ce foir ; & lui faifoit tout doucement comprendre , qu'elle ne feroit pas fâchée qu'il fe difpensât d'y venir.

CHAPITRE III.

Un homme d'efprit qui ne connoît pas le monde , peut bien quelquefois fe mettre en colere mal-à-propos.

LE Lord Belfont auroit volontiers mangé la lettre de la Douairiere , tant il étoit en colere. Son orgueil, fon amour , la haute opinion qu'il avoit de lui-même , tout étoit bleffé à la fois. Il maudit la vieille Dame , jura de s'en venger fur Stanley , & même il lui échappa quelques difcours affez peu refpectueux contre l'aimable Léonore elle-même , affez aveugle pour lui préférer un homme tel que Stanley. Il fut prefque tenté de l'abandonner à fa folie ; mais auffi il fe reffouvint qu'elle étoit trop bonne pour fon rival , en qui il n'appercevoit plus aucune qualité. Malgré toute fa bonne opinion de lui-même , & fon mépris pour fon rival , fa mémoire lui rappelloit que c'étoit pour la feconde fois que ce même garçon lui avoit été préféré. A la vérité, il en vouloit à fa mémoire, de mettre Léonore au niveau de la petite Allemande , à laquelle il n'avoit plus jamais fongé jufqu'alors , mais dont le fouvenir lui revenoit maintenant, en dépit de fon orgueil, & le mortifioit au dernier point. Il haïffoit le pauvre George le plus cordialement du monde , & lui auroit volontiers envoyé fur le champ un défi ; mais il fe perfuada que le fujet ne méritoit pas qu'il y fît attention. Il lui prit envie vingt fois de ne plus fonger du tout à Léonore ; mais il l'aimoit malgré lui , & ne put s'empêcher d'aller l'après - midi même chez Lady Filmore.

Il y trouva nombreufe compagnie ; & , entre autres, M. Lloïd. Ce jeune homme , depuis que fa mere lui avoit dit d'être amoureux , avoit toujours tenu exacte compagnie à Léonore , qui n'avoit pas même foupçonné qu'il fût un de fes adorateurs : comme elle avoit été tout ce jour-là dans une tranfe continuelle à l'occasion de Milord, elle avoit caufé plus qu'à l'ordinaire avec M. Lloïd. Heureufement, il étoit affis auprès d'elle ; elle réfolut très-adroitement d'éviter la converfation de Milord, en fe tenant engagée de propos avec M. Lloïd, tant que Milord refteroit ; de forte que, pour cette fois, fa vifite fut encore plus agréable pour Léonore que pour fa grand'maman. Le Lord Belfont entra avec fon aifance & fa gaieté ordinaire : mais cependant il reffentit quelque chofe de fingulier en lui-même, & rendit Léonore auffi rouge que de l'écarlate.

On paffa tour-à-tour en revue les lieux communs prefque inépuifables des compagnies, tels que les promenades, les fpectacles, la politique, les nouvelles, la médifance, & le beau tems. Il n'y eut rien de bien vif dans la converfation : toutes les vifites s'en allerent les unes après les autres, à l'exception du Lord Belfont & de M. Lloïd, qui parurent difpofés réciproquement à vouloir refter chacun le dernier. A mefure que quelqu'un s'en alloit, Milord fe rapprochoit peu-à-peu, de forte qu'il parvint à prendre le fiége le plus proche de

Léonore, à qui il adreſſa quelques propos à la traverſe , juſqu'à ce qu'enfin Léonore profita d'une occaſion de quitter la place. Ainſi il ne reſta plus que ces deux Meſſieurs avec la Douairiere Filmore. Les deux hommes s'entreregarderent ; car ils n'avoient pas grand goût l'un pour l'autre. Le Pair devina tout d'un coup que c'étoit-là le prétendant Gallois ; le Gallois ne ſçavoit que penſer du Lord ; ſeulement il ſuppoſa, à ſes façons, que c'étoit un rival. Lady Filmore les conſidéra tous les deux avec quelque inquiétude ; mais croyant qu'il lui feroit plus aiſé de ſe débarraſſer de Lloïd que du Lord, & d'ailleurs ayant envie de donner au dernier une réponſe finale, pour lui ôter tout prétexte à une ſeconde viſite, elle ſe tourna vers le premier, & lui dit : Voulez-vous bien, Monſieur , vous charger d'une petite commiſſion pour Madame Lloïd ? C'eſt de lui dire que je ferois bien aiſe de la voir demain matin. Lloïd la comprit à merveille, & ſe leva ; mais imaginant, fans doute, que, s'il s'en alloit, on croiroit qu'il abandonnoit le champ de bataille , il reprit ſa place, & jettant un

regard en - deſſous à ſon voiſin : Je n'a point d'affaire qui me preſſe , Madame , & je deſirerois de vous parler. M. Lloïd étoit dans l'uſage de montrer autant de ſoumiſſion & de reſpect à Lady Filmore qu'à ſa propre mere ; elle fut un peu choquée de ce qu'il ne lui obéiſſoit point alors. Ainſi ſe tournant vers le Lord Belfont : Eh ! bien , Milord , lui dit-elle , excuſez-moi pour quelques minutes ; ce Gentilhomme a quelque choſe à me dire. La Dame avoit deſſein ſans doute de mener Lloïd hors de la ſalle , & de lui dire déciſivement de s'en aller. Mais le Lord s'étant aviſé de dire : Quand vous aurez le loiſir , Madame , je ſerai bien aiſe auſſi de vous parler : Lloïd , ſoit qu'il fût embarraſſé d'abord , où qu'ayant une fois paſſé les bornes de ſon humeur ſouffrante , il ne ménageât plus rien , & dit bruſquement au Lord : Eh ! bien , Monſieur , vous le pouvez , mais non pas avant moi ! Avant vous ? Monſieur, répondit le Lord , d'un ton fort mépriſant : il auroit fallu n'être pas Gallois , pour ne pas s'en fâcher. Mais Lady Filmore ſe mettant entr'eux deux : Pour l'amour de
Dieu

Dieu, Messieurs, qu'est-ce que cela veut dire ? Quoi donc ! Lord Belfont, êtes-vous venu ici pour m'insulter ? Puis se tournant vers Lloïd : Je comptois, Monsieur, d'avoir quelque crédit sur votre esprit. Je vous prie, de sortir d'ici pour le présent. Non, Madame, je ne puis pas, répondit le Gallois. Quoiqu'il ne fût pas fort poli, il ne manquoit pas de courage ; peut-être il ne se fût jamais avisé de penser à Léonore, sans les ordres de sa mere ; maintenant qu'on l'avoit mis sur la voie, il ne vouloit pas abandonner la poursuite. Il continua donc ainsi : » Non , Madame, il faut » que Milord, que voici, & moi, sortions en même tems ». Le Lord Belfont lui prenant la main aussi-tôt » : De » tout mon cœur , lui dit-il , mon » brave garçon : » La Dame courut à la porte : » Arrêtez, leur dit-elle, où » prétendez-vous aller ? Que voulez-» vous faire ? Lord Belfont ! Monsieur » Lloïd ! Je vous prie..... Quoi ! com-» ment ! Puis d'un ton plus rassis : J'exige » de vous deux de laisser passer tout » ceci ; ou je serai obligée d'envoyer » chercher la garde : car vous pouvez

» compter que je ne vous laisserai point
» sortir d'ici , que vous ne m'ayez donné
» tous les deux parole d'honneur d'être
» tranquilles. De tout mon cœur, Ma-
» dame, répondit le Pair ; en vérité, je
» ne sçais pas à peine de quoi il est ques-
» tion. Je ne me rapelle pas d'avoir
» jamais vu ce Gentilhomme : voilà un
» aventure bien bisarre. Venez, Mon-
» sieur, donnez-nous la main : mais la
» vieille Dame sentit ce qu'il vouloit
» faire, & se retournant tout court : Non,
» Milord , non , dit-elle , il n'en sera
» rien. Ecoutez moi, Lord Belfont ,
» j'en jure sur mon honneur , & il m'ar-
» rive rarement de jurer : celui d'entre
» vous qui ne donnera pas la main à
» l'autre honnêtement & sincerement ,
» & ne jurera pas d'oublier ce qui s'est
» passé , peut compter de ne jamais ren-
» trer dans ma maison. Maintenant,
» Milord , vous pouvez faire ce qu'il
» vous plaira. Puis-je donc espérer ,
» Madame , d'avoir l'honneur de vous
» voir demain matin ? Milord , répon-
» dit-elle , je ne fais point de condi-
» tions. Si je ne vous vois pas bien ré-
» conciliés , j'enverrai chercher main-

» forte. Je vous le répete encore , fur
» ma parole, vous ne mettrez plus ja-
» mais le pied dans ma maifon, fi vous
» me forcez à prendre ce parti. Eh!
» bien , Madame , vous pouvez ordon-
» ner, dit le Lord Belfont : mais puis-
» je vous dire trois mots? Commencez
» d'abord par vous raccommoder , dit
» la Douairiere ». Sur quoi Milord fe
tournant vers Lloïd» : Eh ! bien , Mon-
» fieur, cette Dame, fi je ne me trompe,
» nous tient tous les deux fous fa puif-
» fance ; il faut lui obéir , & je vous
» donne ma parole d'honneur que jamais
» je ne parlerai de ce qui s'eft paffé ;
» ni vous non plus, je penfe. Ma foi, ni
» moi non plus, dit Lloïd. Eh ! bien
» donc , Monfieur , j'ai quelques mots
» à dire à Lady Filmore, voulez-vous bien
» le permettre ? Non, ma foi, dit Lloïd;
» deux mots fur ce pied - là. Sur quel
» pied, jeune homme, reprit la Douai-
» riere courroucée : quoi donc , Mon-
» fieur, ai-je à répondre , quand & à
» qui je dois parler ? J'ai des affaires
» avec Monfieur » : puis adouciffant un
peu fa voix : Bon foir, dit-elle, Monfieur Lloïd. Il fe retira affez mécontent.

B ij

Elle le suivit hors de la salle, & lui dit tout bas, que s'il ne s'en retournoit sur le champ, sans attendre le Lord Belfont, elle ne vouloit plus lui parler de ses jours, & il ne reverroit jamais Léonore. Ensuite retournant joindre le Lord Belfont, elle lui dit » : En vérité Milord, vous » m'avez traitée bien cavalierement ; on » dit pourtant dans le monde que vous » avez eu une bonne éducation ». Milord lui répondit avec beaucoup de douceur : » Milady, je m'en rapporte à » vous-même ; ai-je été maître d'em- » pêcher ce qui est arrivé ? Ce jeune » garçon ne m'a-t-il pas.... ? Comment, » Milord, dit la Dame, en l'interrom- » pant ; vous continuez encore à m'in- » sulter ? Fy, Milord Belfont ! Quoi donc, Madame ? Quoi ! répliqua la Dame, » n'êtes vous pas honteux de traiter mon » ami avec tant de mépris, en ma pré- » sence, & en arriere de lui » ? Le Lord se remettant un peu, lui demanda pardon, & dit » : J'ai le plus grand res- » pect pour tout ce qui vous intéresse » le moins du monde ». Du respect, Milord, répéta la Douairiere ; peut- être aussi le terme de vieille femme de sa lettre, lui revint dans la mémoire.

» Oui , en vérité , Lady Filmore , j'en
» ai. Mais il faut que vous en conveniez ,
» que ce jeune homme m'a insulté ......
» Laiſſons cela puiſque vous l'ordonnez.
» Mais, Lady Filmore, me permettrez-
» vous de demander ſi ce Monſieur Lloïd
» (je penſe que vous l'avez nommé ainſi)
» a quelques prétentions ſur Miſſ Fil-
» more , & s'il a le bonheur d'avoir
» votre agrément ? Oui , Milord , ré-
» pondit-elle , c'eſt un jeune homme de
» bonne maiſon , fort riche , d'une con-
» duite très-réguliere, & qui par-là, eſt
» tout propre , à ce que je penſe , à
» rendre ma fille heureuſe. Ah ! puiſſe-
» t-elle être heureuſe , s'écria l'amant ;
» je le deſire de tout mon cœur ; de
» même que j'eſpere pouvoir contribuer
» à faire ſon bonheur. Mais n'ai - je pas
» lieu de me plaindre un peu de Lady
» Filmore ? Elle m'a promis que ſi
» j'obtenois le conſentement de Mon-
» ſieur Scrape , je ſerois reçu dans ſa
» maiſon : aurois-je dû m'attendre qu'au-
» jourd'hui que j'ai le conſentement de
» M. Scrape , elle changeroit d'avis ?
» Ne devois-je pas compter qu'au moins
» elle auroit différé d'en recevoir un au-

» tre , jusqu'à ce que j'eusse pu m'adres-
» ser à M. Scrape ? Milord , répliqua
» Lady Filmore , je vous ai dit mes
» sentimens sur cet article : Ah ! ma
» chere Dame , sûrement la douce Léo-
» nore n'a point d'aversion pour moi.
» Elle a sans doute reçu quelques mau-
» vaises impressions : ma vie passée peut
» bien les autoriser ; mais permettez-
» moi de les effacer toutes par mon
» assiduité & ma bonne conduite. Ah!
» Lady Filmore , c'est vous qui m'êtes
» contraire ; elle ne fait que se sou-
» mettre à votre commandement. Non,
» sur mon honneur , Milord , dit la
» Douairiere , d'un air composé , c'est
» elle qui me l'a demandé. Serez-vous
» satisfait , si elle le dit elle-même ,
» puisque vous ne voulez pas m'en croire?
» Il n'en faut pas douter, Lady Filmore;
» mais puis-je avoir l'honneur de voir cet-
» te jeune Demoiselle? Eh! bien, Milord,
» je n'aurois pas voulu tourmenter ma
» pauvre fille : pour vous faire voir que
» votre recherche seroit desormais très-
» inutile , je vais la faire venir». Milord
fit une profonde révérence. Aussi-tôt
après, Léonore parut fort inquiette &

troublée, dans la crainte que sa grand'-
maman ne se fût laissée gagner par Milord : enfin, se voyant encouragée, elle
recommença à prendre courage. » Léo-
» nore, ma chere fille, lui dit la Dame,
» on m'accuse ici de diriger vos affec-
» tions ; vous avez vu ce que j'ai écrit
» ce matin au Lord Belfont à votre
» sujet : n'étoit-ce pas vos propres sen-
» timens ? Est-ce moi qui vous les ai
» dictés ? Non, en vérité, dit Léonore,
» en rougissant , c'est moi qui vous en
» ai priée. Hélas ! ma chere Miss Fil-
» more, comment ai-je été assez mal-
» heureux pour vous déplaire ? Si l'a-
» mour le plus sincere..... Tenez , Mi-
» lord , reprit la Douairiere, j'ai pro-
» mis à Léonore & je tiendrai ma pa-
» role..... Vous devez maintenant être
» convaincu. Hélas ! Lady Filmore , je
» suis bien malheureux. Mais si vous me
» le voulez permettre, vous & l'aimable
» Miss Filmore , le tems & ma persé-
» verance.... La vieille Dame assez peu
» assurée fit un coup hardi , & s'écria ;
» Eh ! bien , Léonore, que dites vous à
» cela ? Voulez-vous recevoir les visites
» de Milord ? Parlez, ma chere ......

» Madame , répondit-elle , vous avez
» eu la bonté d'écrire ce matin comme
» je le defirois ; je fuis & ferai toujours
» dans les mêmes fentimens ; voilà ma
» reponfe ». Confondu par un congé fi
clair & fi franc, prononcé de la propre
bouche de fa maitreffe , Milord s'écria :
» Le coquin de Stanley! c'eft lui qui m'a
» fi bien peint ; mais, parbleu!... Non,
» Milord , interrompit la vieille Da-
» me » , tandis que la pauvre Léonore
étoit toute tremblante , & fe repentoit
prefque d'en avoir tant dit : » Non , Mi-
» lord , M. Stanley n'a point parlé de
» vous ici : Hélas ! Madame, il faut bien
» que cela foit. Dites, cruelle Léonore,
» n'eft-il pas vrai ? n'a-t-il pas parlé à
» mon défavantage ? Milord , répliqua
» Léonore effrayée, & cependant avec
» un courage bien féant , vous n'avez
» aucun droit de me queftionner comme
» vous faites : mais je puis vous affurer
» avec vérité, que, depuis mon retour à la
» Ville, je n'ai vu que deux fois M. Stan-
» ley ; & que toutes les deux fois il m'a
» parlé en votre faveur. Non , il n'eft
» pas poffible qu'en fi peu de tems,
» Monfieur Lloïd ait pu gagner.... Que

» dites-vous de M. Lloïd ? Qu'a-t-il
» befoin ici , Milord , répliqua Léo-
» nore avec feu » : La vieille Dame fe
hâta de rompre la converfation , en difant » : Je crois , Lord Belfont , que
» vous devez maintenant être fatisfait :
» allez Léonore , ma chere fille , vous
» n'avez plus befoin de refter ». Lady
Filmore fut au moins auffi allarmée que
Léonore , en entendant nommer Monfieur Lloïd , & penfa la renvoyer tout-
à-fait , de peur que le Lord Belfont ne
continuât à découvrir à Léonore , ce
dont la vieille Dame avoit réfolu qu'elle
ne feroit informée d'abord que de la
bouche même de M. Lloïd. Cependant
le peu que Milord en avoit dit , fuffit
pour donner à penfer à la jeune Demoifelle. Sur de pareils fujets , il ne
faut pas à une femme beaucoup d'expérience pour voir de loin. Elle remarqua
auffi que fa grand'maman étoit toute déconcertée ; elle n'ofa ni ne pouvoit lui
faire des queftions ; mais elle refta toujours , & fut fort attentive pour voir fi
elle n'entendroit rien de plus , & fut
témoin d'une partie du dialogue fuivant.

B v

La grand'maman continua ainſi. Eh ! bien , Milord , il ſe fait tard ; j'eſpere que vous m'excuſerez ; vous m'avez ſi fort inquiettée, que j'ai beſoin d'être ſeule.

Lord Belfont. Je ſerois fâché de déplaire à Lady Filmore. Mais il faut que je vous demande , & même que j'inſiſte , Madame , à ce que vous me teniez parole. Si je ne puis rien gagner ſur ma belle maitreſſe , il faudra bien me ſoumettre : laiſſez m'en faire l'eſſai , comme vous me l'avez promis.

Lady Filmore. Vous tenez des propos bien ſinguliers , Milord ? Inſiſter ! inſiſter !..... à l'égard des promeſſes , j'en ai fait auſſi à ma chere fille , & mon devoir me preſcrit de ne point la forcer à recevoir des viſites qui ne ſoient de ſon goût. Je vois , Madame , répliqua le Lord Belfont , oui , je le vois.... Ici, Lady Filmore , craignant que Léonore n'en vît auſſi plus qu'elle ne vouloit, répéta encore la même choſe à cette jeune Demoiſelle , en lui diſant : Bon ſoir, ma chere ; il n'eſt pas à propos que vous reſtiez davantage. Quand Léonore fut partie , Milord reprit : Je vois bien , Madame , pour qui vous vous déterminez : il faudra bien que nous nous revoyions M. Lloïd & moi ; &.... Comment Monsieur, répliqua Lady Filmore, vous me menacez encore ? M. Lloïd est un brave homme , j'ose répondre de lui : il ne seroit pas fâché de vous rencontrer , puisque vous le prenez sur ce ton - là : mais je ne pourrois pas me pardonner à moi-même, si ses égards pour ma famille lui attiroient quelque danger. Ainsi , je vous jure & vous proteste, qu'en quel-qu'endroit & dans quelque tems que vous voyiez ou rencontriez M. Lloïd , si vous n'avez pas pour lui les mêmes égards que pour tout autre homme, vous pou-vez compter de ne jamais revoir Léo-nore.

Lord Belfont. Vous me refusez main-tenant cette satisfaction ; je ne sçaurois tomber plus mal. Si vous voulez per-mettre mes visites , je poursuivrai ma bonne fortune tout simplement & concur-remment avec M. Lloïd, & avec tout le monde ; personne n'aura plus à se louer de mes bonnes façons que M. Lloïd ; mais ......

Lady Filmore. Mais..... Milord , que voulez-vous dire avec votre *mais* ? ......

Allez vous menacer encore ? Ma fille ne verra jamais que qui il lui plaira ; & si vous osez menacer davantage , tout le monde sera admis à venir visiter ma petite-fille , à l'exception du Lord Belfont. A ces mots , elle s'assit toute courroucée & outrée de colere. Milord conclut que tout partoit des conseils de Stanley ; & quoiqu'un peu en colere, il sçut se modérer lui-même , & répondit : ma chere Lady Filmore , je suis le plus malheureux des hommes , d'avoir encouru votre disgrace : mais à coup sûr, cette indisposition contre moi n'auroit pas dû vous engager à souffrir un tel homme..... Je n'ai pas besoin de vous le nommer ; vous sçavez qui je veux dire. Je me flatte que la charmante Léonore elle-même a trop de cœur pour souffrir la recherche d'un homme si fort audessous d'elle.... Du moins, Lady Filmore a trop de prudence pour y consentir. Ne me refusez donc pas la consolation de pousser ma pointe : permettez que je me mette sur les rangs en concurrence avec M. Lloïd , de crainte qu'il n'arrive quelque accident , dont vous auriez lieu d'être fâchée vous-même auffi bien que nous. Lady Filmore ne voulut pas confentir à donner cette liberté à Milord. Elle fe flattoit qu'avec une conduite refpectueufe & décente de M. Lloïd , quelques mots, de tems à autre d'elle en faveur de ce jeune homme , joints à l'abfence de Stanley , elle obtiendroit de Léonore qu'elle donnât fa main à M. Lloïd ; mais elle ne vouloit pas trouver toujours en fon chemin un titre & un joli homme à combattre. Dans la fituation d'efprit actuelle de Léonore , elle comptoit pouvoir fans beaucoup de difficulté, entretenir fon peu de goût pour Milord ; mais elle craignoit que la chofe ne fût pas fi aifée , s'il étoit toujours préfent , & en état de parler pour lui-même. Tout ce qu'elle pouvoit dire , auroit peut-être moins de poids par la fuite, & ce qu'il diroit, pouvoit en acquérir de plus en plus. Ainfi , cette Dame répondit à cet égard : Milord , rien ne peut me déterminer à voir ce jeune homme , fi ce n'eft la pétulance du Lord Belfont. Ainfi je protefte que fi vous en venez à attaquer M. Lloïd, ou à vouloir par force rendre des vifites à ma chere fille, dès ce moment, M. Stan-

ley fera bien venu dans ma maifon.
Maudit foit jufqu'à fon nom ! le vil &
indigne fujet ! s'écria Belfont en fureur ;
puis rentrant en lui-même: Eh! bien donc,
Milady, ne puis-je pas fur le pied de
fimple connoiffance, être admis à vous
faire des vifites ? N'aurai - pas comme
tout le refte du monde, le bonheur de
voir ma charmante Léonore? Ne me le
refufez pas : je vous donne ma parole
que vous ne ferez pas plus de civilité
vous-même à M. Lloïd que moi. Milady , fans s'y oppofer directement,
répondit froidement : Si Milord fe conduit comme les autres perfonnes qui
viennent à la maifon, je ne ferai pas
fâchée de le voir ; mais.... Ah ! point de
mais, Lady Filmore ; vous approuve-
rez vous-même ma conduite. Je ne veux
pas abufer davantage de vos momens.
J'ai l'honneur de vous fouhaiter le bon
foir.

CHAPITRE IV.

On est porté à aimer la sœur d'un ami.

AUCUN des trois qu'on vient de voir paroître sur la scène n'étoit satisfait de ce qui s'étoit passé ; quoique chacun y eût rencontré quelque chose qui ne lui déplaisoit pas, Milord étoit bien aise que Lady Filmore lui eût permis de continuer d'aller chez elle. Par son adresse & ses manieres, il se croyoit sûr du reste : mais aussi il n'étoit content ni de la façon dont Léonore avoit parlé de Stanley, ni de celle dont Lady Filmore recevoit Lloïd. La Douairiere charmée que Léonore eût refusé si nettement Milord, croyoit maintenant pouvoir s'en servir comme d'un aiguillon pour faire avancer Lloïd ; mais elle n'étoit pas plus contente que Milord, de la maniere dont elle avoit parlé de Stanley ; d'un autre côté, elle n'étoit pas moins fâchée que Milord eût parlé si mal de Lloïd à Léonore. Celle-ci à son tour se sçavoit très-bon gré de la conduite qu'elle

avoit tenue à l'égard du Lord Belfont ;
mais elle fe difoit de tems à autre qu'elle
pourroit lui faire tramer la perte de Stanley, & alors elle foupiroit & pleuroit....
Puis fe rappellant auffi-tôt ce que Milord Belfont avoit dit de Lloïd, & les
regards de fa grand'maman dans ce moment, elle envifageoit alors toutes les
marques de tendreffe de cette Dame fous
un autre afpect : fon indignation contre
le Pair étoit fufpendue pour un inftant ;
elle ne voyoit plus M. Lloïd qu'avec des
fentimens qui approchoient du mépris ;
elle lui reprochoit comme une baffeffe,
& une vile fubtilité, de comploter avec
Lady Filmore ; tournoit-elle au contraire
fes regards fur Stanley, elle ne voyoit
en lui que de l'ouverture de cœur, de
la fincérité, de la vérité ; fa mere lui
paroiffoit une femme pleine de bonté &
de mérite, fa fœur une fille fenfible,
conftante, bonne amie ; & toutes leurs
vertus fe trouvoient réunies & concen-
trées dans fa perfonne. C'eft-là que fon
cœur inclinoit ; elle étoit réfolue de s'y
fixer, & tout ce qu'elle devoit maintenant fupporter de traverfes & d'épreu-
ves, trouvoit fon cœur réfolu & tout

résigné. Elle avoit de la satisfaction à penser que trois ans de persévérance devoient être une preuve de son attachement inviolable : enchantée de cette idée, elle se laissoit aller à la douce persuasion de son innocence...... tandis que sa grand'mere étoit toujours sur l'éveil pour imaginer les moyens, premierement de gagner Scrape, c'est-à-dire, de lui faire sentir qu'il étoit de son intérêt de se déclarer en faveur de loïd; & en second lieu, de donner à Léonore une impression favorable pour ce jeune homme. Quant au Lord Belfont, agité en même tems par des sentimens d'amour, d'orgueil & d'indignation, il passa une nuit fort ennuyeuse, avec une compagnie qu'il avoit en vain rassemblée pour se dissiper, & se réjouir. Il affectoit de rire ; mais ce n'étoit, comme on dit, que du bout des dents ; car Léonore étoit dans son cœur, & il voyoit, avec chagrin, qu'un autre occupoit celui de cette charmante fille. Il lui vint tour-à-tour vingt projets dans la tête. Tantôt il songeoit à gagner sur l'esprit de Scrape d'exiger que sa petite-fille vînt demeurer dans sa maison : mais aussi il réfléchissoit, qu'étant dans la Cité , elle feroit encore plus proche de Stanley, le plus dangereux de fes rivaux, & celui qu'il haïffoit le plus ; d'ailleurs, une pareille entreprife pouvoit irriter l'impérieufe Douairiere qui , dans un accès de colere, pourroit, peut-être, fi on la pouffoit à bout , effectuer la menace de recevoir les vifites de tout le monde, excepté la fienne ; & fi une fois Stanley y étoit admis , il n'avoit plus d'efpérances. Car ce Lord fçavoit à merveille , que l'inclination & les occafions fe rencontrant rarement , rendent toujours les délais longs ; c'étoit tout ce qu'il demandoit. Il ne craignoit pas beaucoup que Lloïd obtînt les bonnes graces de la Demoifelle ; ainfi, pourvu qu'il pût gagner du tems & empêcher la vieille Dame de précipiter les chofes , il efpéroit encore convaincre la jeune Léonore de fon propre mérite. A la fin, il réfolut de tenter fortune auprès du Lord Filmore , oncle de fa jeune maitreffe , avec qui il avoit fait depuis long - tems connoiffance , fans être cependant fort avant dans fon intimité. Cette idée ne lui fut pas plutôt venue dans la tête, qu'il la faifit avec fon empreffement ordinaire ; & avant la fin du jour , il fe trouva réellement lié de compagnie avec ce Lord.

Revenons maintenant fur nos pas , & voyons ce qu'étoit devenu le pauvre Stanley. Après s'être féparé de fa belle maitreffe, il oublia pendant près d'une heure tous fes embarras , & ne vit plus de dangers ni d'obftacles. Ayant fait un raifonnement à la façon ordinaire des amoureux , il conclut que malgré tous les contre-tems , fa maitreffe devoit être un jour à lui , parce qu'elle lui avoit promis de n'être à perfonne de plus de trois ans ; plein de ces efpérances, il retourna chez lui en diligence ; depuis long-tems fa fœur étoit inftruite de fa paffion , & il en efpéroit à la fin toute l'affiftance imaginable. Mais hélas ! tandis qu'il étoit aux pieds de fa maitreffe, Lady Filmore étoit allée voir fa fœur, & quand il revint au logis , au lieu de lui donner des fecours amis , & des moyens de faire réuffir fes defirs , elle lui confeilla fagement d'oublier fa paffion. Ce qu'il y eut encore de plus fâcheux , c'eft que fa mere & fon ami fe réunirent encore pour le confoler fur

le même ton, & lui repréſenter combien il y auroit à lui d'impudence &
d'ingratitude envers ſon ancien ami le
Lord Belfont, s'il perſiſtoit dans un
projet ſi inutile.

Il ſe flattoit lui-même que ſon ami
ne ſçauroit pas plutôt la ſituation où il
ſe trouvoit, qu'il lui donneroit tous les
ſecours qui étoient en ſon pouvoir. Il
plaida ſa cauſe avec confiance, & les
pria de ſuſpendre leur opinion, juſqu'à
ce qu'on eût reçu des lettres du Lord.
Sa mére & ſa ſœur ſçavoient bien que,
ſoit que le Lord Belfont abandonnât ſa
pourſuite ou non, George n'en auroit
pas plus de raiſons pour eſpérer ; mais
elles ne voulurent pas riſquer de lui déclarer ce que Lady Filmore avoit dit.
Il ne pouvoit pas les écouter : ſon pere,
à la vérité, vouloit être entendu, &
lui repréſenta que ſon honneur étoit
compromis dans cette affaire, puiſqu'il
étoit lui-même parvenu à engager Scrape
à donner ſon conſentement. Le fils n'oſa
pas répliquer, il eſt vrai ; mais ce langage ne le perſuadoit pas plus en effet
que les argumens des autres. Ne trouvant
donc perſonne qui fût de même avis que

lui , rien ne fut capable de le retenir plus long-tems. Il monta dans fa chambre pour attendre la réponfe de fon ami le Lord Belfont, comme fi toute l'affaire eût dépendu abfolument de l'approbation ou du refus de Milord.

Martin voulut l'accompagner au Temple , où George demeuroit, & le vit en affez bonne humeur jufqu'au retour de la pofte. Martin, craignant que la réponfe du Milord ne fût pas auffi favorable que fon ami s'y attendoit , prit les plus grandes précautions que l'amitié peut infpirer , & ordonna qu'on lui remît en fecret toutes les lettres qui viendroient. Mais il ne fut pas poffible d'en impofer à Stanley;il vit donner la lettre à Martin, & apperçut fon trouble. Il n'y eut pas moyen d'en refufer la lecture à fon ami , qui ne l'eût pas fitôt parcourue , qu'il n'en céda pas à fon auteur , & fut tout auffi courroucé contre le Lord Belfont , que ce Lord l'avoit été contre lui. Il fe repentit d'avoir pris la peine de lui écrire ; s'étonna de s'y être laiffé tromper fi long-tems. Quel orgueil ! cela étoit fi clair ! Arrêtez-vous , critiques : oferez-vous dire que cela n'eft pas naturel? Vous n'êtes pas bons juges : je vous foutiens, moi , hardiment, que c'eft la nature même. Quand la paffion de l'amour s'eft une fois véritablement emparée d'un cœur, elle affervit toutes les facultés de l'ame & du corps. Les yeux ne voient que par elle, les oreilles n'entendent qu'elle. Le jugement abandonne la balance & décide en fa faveur : aucun obftacle ne peut être raifonnable ; aucune objection n'eft jufte , fi quelque lueur d'efpoir de la part de l'objet aimé a une fois fait abandonner les rênes : vous pourriez auffi-bien compter qu'un avare ne vous regardera point comme un voleur, pour lui avoir enlevé une partie de fon tréfor, fous prétexte qu'il vous a auparavant efcroqué cet argent , que de croire qu'un homme réellement & véritablement amoureux , ne regarde pas comme le plus méchant des hommes , celui qui, fous quelque prétexte que ce foit , en- treprendroit de le priver de fa maitreffe. Croyez-moi, depuis le tems de Léandre jufqu'au moment préfent , il n'y a jamais eu d'homme bien réellement épris , & à qui fa maitreffe a donné quelque raifon d'efpérer , qui , par un motif d'amitié , de pitié , ou par quelque autre raison , ait jamais cédé sa maitresse à un autre , ou qui ait pensé favorablement de celui qui a entrepris de la lui enlever , sous quelque prétexte que ce soit.

Pour revenir à Stanley , George étant passionnément amoureux , plus il avoit eu d'égards pour le Lord Belfont, plus il crut avoir à se plaindre d'en être mal traité , puisqu'il osoit penser à sa maîtresse : car il se croyoit en droit de l'appeller ainsi , & de la penser uniquement à lui.

Si un homme qui conserve toute sa tête , & qui voit son ami devenu fou , est plus à plaindre que cet ami , il est sûr que M. Martin se trouvoit dans un état bien déplorable. Il voyoit les deux hommes qu'il aimoit le mieux du monde , tous les deux fous jusqu'à l'extravagance , & il ne sçavoit comment les secourir. Ce ne fut qu'avec la plus grande difficulté , qu'il parvint à contenir Stanley dans la modération. George étoit résolu de se défaire du Lord Belfont tout d'un coup » : puis avec un sang-froid singulier » : Non , se disoit-il, la » punition seroit trop prompte ; Milord

» Belfont ne fçauroit ce que cela veut
» dire ». Enfuite toutes les bonnes qualités du Pair lui revenoient dans l'efprit:
il vouloit aller trouver le Lord fur la
route , lui demander en grace ce qu'il
defiroit ; il étoit sûr que quand une fois
il y fongeroit, il ne voudroit pas être
fi peu généreux..... Les perfonnes irri-
tées s'y trompent fouvent elles - mêmes
en baillant leur voix; ils s'imaginent n'être
plus en colere , parce que pour le moment ils ne crient pas bien haut : mais il
eft bien rare qu'ils en impofent aux autres. Du moins Martin ne crut pas George
fi tranquille qu'il prétendoit l'être , &
ne pouvoit pas lui laiffer faire cette fup-
plication fur la route : au contraire, il
fe promit bien , fitôt que le Lord Belfont arriveroit à la Ville , d'aller lui-
même le joindre. Enfuite , George ren-
troit de nouveau en fureur. Quoi! difoit-
il , mon ami , mon ancien ami Martin,
voudroit-il me déshonorer , & lui-même
auffi , en fuppliant baffement un homme
qui m'a fait injure , que j'aimois , &
que j'aurois fervi aux dépens de ma vie?
Oui , mais, dit Martin, c'eft un homme
qui auroit facrifié fa vie pour vous fervir,

&

même pour vous procurer du plaisir ; un homme qui vous a aimé au point de m'avancer , uniquement parce que je suis votre ami. A la vérité , ce raisonnement calmoit un peu les choses : Stanley vouloit alors s'asseoir , & son chagrin intérieur lui arrachant un soupir , le faisoit presque tomber dans le désespoir. Martin s'y prit de toutes sortes de façons pour adoucir le chagrin de son ami. Quand il n'auroit pas senti l'affection sincère qu'il éprouvoit pour Fanny , la façon singuliere & tendre dont elle avoit recommandé son frere George à ses soins, auroit suffi pour réveiller toute son attention. En effet , il avoit trop senti le mérite de Miss Stanley , pour ne pas être disposé à lui obéir. Il n'y a point de tems où nous soyons plus touchés de la beauté, que quand nous la voyons dans les allarmes. Cela annonce la tendresse qui est le plus digne caractère du sexe, & paroît aussi fournir la preuve de cet attachement sincere qui accompagne toujours cette tendresse. Pour le Capitaine, il avoit vu l'affection de cette jeune Demoiselle pour son frere , il connoissoit le mérite de ce frere , & en estimoit la

Partie II.   C

fœur davantage. Cette eſtime ſe changea bien-tôt en un ſentiment plus vif ;
& préciſément dans le même tems, il
commença à deſirer de tout ſon cœur
de pouvoir ſe frayer la route juſqu'à un
cœur ſi capable de ſincérité. Peut-être
auſſi que la jeune Demoiſelle n'étoit pas
peu charmée de le voir ſi attaché à ſon
frere ; ainſi leurs ſervices communs envers
la même perſonne, devinrent le fondement de leur amour réciproque.

Quoique le Lord Belfont arrivât le
lendemain du jour que Martin avoit reçu
ſa lettre, la premiere nouvelle leur en
fut donnée par le vieux Scrape , qui,
comme on l'a déja dit , & à en juger
d'après le caractere qu'on a donné des
perſonnages de cette hiſtoire , n'avoit
pas beaucoup d'amitié pour Stanley , &
étoit charmé de trouver une occaſion de
le blâmer avec quelque apparence de
juſtice. Il ne ſongeoit plus maintenant
à faire venir ſa petite-fille chez lui ,
parce que c'étoit le moyen de l'en écarter davantage. Il eut donc grand ſoin
d'attaquer M. Stanley le pere en plein
caffé , & ſe plaignit à lui amerement,
avec fauſſeté & impudence, de ce qu'il

étoit d'intelligence avec son fils , qu'il ne manqua pas de traiter comme un libertin & un mauvais sujet. Monsieur Stanley,qui avoit beaucoup dépensé pour l'éducation de George , sentit son orgueil blessé de ce reproche. Scrape l'accusoit encore d'avoir cabalé avec son fils , pour lui faire enlever Léonore. Peut-être le Lord Belfont n'auroit-il pas sçu bon gré à Scrape son beau-pere , de déclarer si subitement que la Dame qu'il recherchoit en mariage , lui préféroit le fils d'un simple marchand : mais cela remplissoit les vues de Scrape ; il donnoit l'essor à son caractere méchant, & chagrinoit le pauvre M. Stanley , qui, n'étant pas homme à se quereller , sortit du caffé le plus vîte qu'il lui fut possible. Cependant M. Sourgrape , dont on a déja parlé, & qui, par différentes raisons, n'aimoit ni Stanley ni Scrape, l'un parce qu'il étoit trop riche , & l'autre parce qu'il étoit trop honnête homme; ce Sourgrape prit avec chaleur le parti de Stanley, qui, le laissant disputer, retourna chez lui fort affligé. Il y rencontra son fils , & sans s'amuser à raisonner avec lui , l'avertit d'un ton impérieux , sous

peine d'encourir ſa diſgrace , d'abandonner toutes ſes folies & de ſonger à ſes
études ; ſans quoi, il ne devoit plus compter ſur lui. Il lui ordonna de plus de
retourner auſſi-tôt dans ſon appartement
& de ſonger à ſes affaires. George fort
piqué , obéit au premier ordre ; mais
ſans aller plus loin : car ayant quitté ſa
mere & ſa ſœur dans le plus violent
chagrin, il s'en alla au Temple, bien
réſolu de pourſuivre ſes amours , & Martin l'y accompagna l'eſprit rempli d'inquiétude.

CHAPITRE V.

Viſite d'un Lord à un autre Lord.

MAINTENANT qu'on ſçavoit que le Lord Belfont étoit à la Ville, le Capitaine Martin, ſaiſi de la plus vive appréhenſion, redoubla ſes efforts; à la longue, il obtint de Stanley qu'il attendroit le ſuccès d'une viſite qu'il feroit le lendemain au Lord Belfont. Décemment Martin ſe croyoit obligé de lui en rendre une, non qu'il fût curieux d'une entrevue qu'il ſçavoit naturellement ne pouvoir être que déſagréable. Mais en y allant, il faiſoit voir qu'il ne prenoit point de parti, & peut-être auroit-il occaſion d'être utile à l'un & à l'autre. Il réſolut donc de ne pas s'y rendre d'aſſez bonne heure pour trouver le Lord chez lui, & d'y laiſſer une lettre pour s'excuſer de n'y aller que dans un ou deux jours, ſous prétexte qu'une affaire particuliere l'appelloit à la campagne. Il eſpéroit, pendant ce tems, gagner ſur l'efprit de Stanley , ou d'abandonner, ou du moins de ne pas pourfuivre fi vivement un projet auquel il ne voyoit point d'apparence de pouvoir réuffir , quand même le Lord Belfont n'auroit eu aucunes vues de ce côté-là.

En effet , Milord étoit forti ce matin de meilleure heure qu'à l'ordinaire, dans le deffein , comme il l'avoit réfolu la veille au foir , de s'adreffer au Lord Filmore. Nous avons déja vu une legere efquiffe de ce Lord ; mais puifqu'il fe retrouve fur notre chemin , jettons encore un coup d'œil fur ces deux jeunes Pairs enfemble. Le Lord Filmore s'habilloit auffi bien , babilloit autant , & dépenfoit plus que le Lord Belfont ; cependant les habits de Belfont avoient un air tout autre , quoique faits par le même tailleur. Le bavardage du Lord étoit d'un autre ton , quoiqu'auffi futile. Les folles dépenfes de Belfont n'étoient que des moyens pour lui procurer des plaifirs ; celles de Filmore étoient fon unique objet ; il ne dépenfoit que pour faire dire dans le monde qu'il avoit dépenfé. A voir les folies du Lord Belfont , on auroit dit que c'étoit dommage qu'un tel homme employât si mal son tems & son argent. Quiconque considéroit l'autre, disoit qu'il étoit fâcheux qu'un tel homme eût de l'argent à dépenser ainsi. Ce Seigneur avoit aussi autant d'orgueil que sa mere , mais dans un genre tout différent : personne n'avoit moins d'égards pour l'ancienneté de la noblesse & les vieux parchemins , jamais même il ne s'étoit donné la peine d'apprendre qui avoit été son propre grandpere : mais aussi il adoroit les avantages réunis des titres & de la fortune : un homme sans titre , s'il étoit jeune, pouvoit en obtenir un sourire , ou même un salut de tête ; un vieillard , s'il étoit riche, pouvoit en être favorisé d'une demirévérence, à moins qu'il ne fût en place , par exemple, dans l'Amirauté ou l'Echiquier , alors son corps plein de souplesse se plioit jusqu'aux genoux ; cependant il n'attendoit rien de la Cour ; il possédoit deux Bourgs que les Ministres remplissoient toujours à leur volonté, sans qu'il leur en coûtât rien autre chose que de tems en tems de lui serrer la main , & de le faire entrer , quand il vouloit paroître au lever. Toutes les fois qu'il

étoit dans le cercle, ce qui arrivoit fouvent, le Roi ne le paffoit jamais ; &
c'étoit tout ce qu'il vouloit. Il fe figuroit
que le monde le regardoit précifément
fur le même pied que le Lord Belfont,
avec cette feule différence, toute à fon
avantage, que fes biens étoient trois fois
plus confidérables que ceux du Lord
Belfont. Il fentoit en lui-même en la
préfence de Belfont, un certain vuide
qu'il ne pouvoit expliquer ; mais il ne
penfoit pas qu'aucun autre que lui pût
s'en appercevoir, & il étoit affez content de fes propres perfections. Le Lord
Belfont étoit sûr qu'avec un tel homme,
il viendroit à bout de tout ce qu'il voudroit. Il alla donc le trouver prefqu'avant qu'il fût forti du lit, & eut avec
lui la converfation fuivante.

Belfont. Bon jour, Lord Filmore :
ne vous ai-je pas dérangé ?

Filmore. Bon jour, mon cher Belfont,
bon jour : foyez le bien arrivé dans cette
Ville : je fuis charmé de vous voir. Maintenant nous pourrons nous amufer un peu.
La fotte, la maudite, l'ennuyeufe Ville
que Londres !

Belfont. Oh non ! elle ne peut être ni

sotte, ni ennuyeuse , puisqu'elle a le Lord Filmore pour la rendre amusante.

Filmore. Belfont, ne me flattez pas : ma foi, c'est vous qui êtes la cocluche des femmes ; elles courent après vous.

Belfont. Ah ! ah ! mon cher Lord ! Lucie n'a-t-elle pas du foible pour quelqu'un ? . . . .

Filmore. Fi donc , Lord Belfont , n'allez pas faire de médisances ; je vous jure & vous proteste.....

Belfont. Non , cela ne signifie rien : je ne songe pas seulement à ce que vous dites. J'ai des yeux sûrement , je ne suis pas aveugle. Mais , Filmore , je suis venu ici pour une affaire.

Filmore. Une affaire! parbleu! voilà qui est admirable : vous & moi nous aurions bien bonne grace à parler d'affaires ensemble! ah, ah, ah..... Mais vous ne faites qu'arriver de Bath : y avoit-il-là quelqu'un qui en valût la peine ?

Belfont. Oui , ma foi, pour affaires : sérieusement, je suis amoureux.

Filmore. Amoureux ! ah ! parbleu ! permettez-moi d'en rire tout à mon aise. En effet, pendant une minute ou deux, ce Seigneur fit des éclats de rire qui annoncerent qu'il étoit en humeur de fe réjouir.

Belfont. Mon cher Filmore, je vous prie de m'écouter férieufement.

Filmore. Sérieufement ? vous & moi férieux ! cela eft bon pour ces génies taciturnes, qui ne connoiffent pas la vraye gayeté pour nous, nous regarderions comme un malheur, fi on nous croyoit jamais férieux.

Belfont. Oui , Filmore , il faut que vous m'écoutiez très-férieufement : vous pouvez me rendre fervice : il y a une jeune Demoifelle qui eft votre nièce, & qui a fait de moi un homme tout autre.

Filmore. Une nièce à moi ! que le diable m'emp...... que voulez-vous dire ? Au diable fi j'ai des nièces, mon enfant !

Belfont. Fi donc , Milord , vous ne connoiffez pas Mifs Filmore ?

Filmore. Parbleu ! cela eft vrai; la fille du pauvre Henri ! Oui , ma foi, je fonge à préfent que les loix m'appellent l'oncle de tous les enfans de mes freres & fœurs ! mais, grace à Dieu, il n'y a que celle-là...... n'eft-il pas vrai ,

Belfont ? Au diable , fi je m'en souvenois !

Cette affectation indécente d'extravagance , donna de l'humeur au Lord Belfont ; mais il n'en fit rien paroître, & continua ainfi.

Belfont. Allons , allons , Filmore , vous avez trop de bon fens pour cela ; fongez à ce que je vous dis. Je fuis amoureux de votre nièce , & je ne puis pas vivre fans elle. Aurai-je votre confentement pour.....

Filmore. Pour faire tout ce qu'il vous plaira , bon Lord Belfont ; mais au diable fi je lui donne un fol ! J'ai toujours dit à fon pere qu'il avoit fait une folie.

Belfont. Vous n'êtes pas dans le cas de me refufer jufqu'à ce que je vous demande ..... Je n'ai pas befoin de fortune..... Je ne veux que Miff Filmore....

Filmore. Ma foi , Belfont , je ne vous entends pas bien : vous n'êtes pas affez fou pour prendre une femme fans fortune. Votre bien n'eft pas confidérable , ami Belfont. A l'égard de l'avoir à toute autre condition , ma foi , je n'ai jamais eu de querelle. Ainfi faites comme il vous plaira .... Mais il eft affez fingulier

C vj

que vous demandiez mon confentement.

Le Lord Belfont ne put fouffrir ce propos , & fe levant de fon fiége, outré de colere . . . . .

Belfont. Que veut dire ce miférable ?... Mais renfermant fon indignation . . . . . Milord , je vois que vous avez envie de vous amufer ; mais je ne fçaurois endurer que le nom d'un ange tel que votre nièce, ferve de fujet de plaifanterie.... Je parle férieufement , Milord , & j'infifte à ce que vous répondiez de même. Je voudrois époufer cette Demoifelle ; je ne demande point de bien ; & cependant je trouve des oppofitions ! J'ai efpéré du moins trouver en vous un ami.

Filmore. Un ami , mon cher Belfont ! oui vraiment , je le fuis. Mais que le diable m'emporte fi je fçais ce que c'eft : Je croyois, en vérité, que vous alliez me demander une dot : & parbleu ! vous fçavez que j'ai tant de rentes viageres à payer, qu'il n'y a qu'une pefte qui puiffe affranchir mon bien. Eh ! bien, eh ! bien, que puis-je donc faire pour vous ? Vous voulez que je vous introduife ? Oui-là, de tout mon cœur. Holà ! y a-t-il quelqu'un ? Parbleu ! je vais vous y mener dès ce matin même.

Belfont. Je vous remercie , Milord ; mais votre mere a pris un travers contre moi.

Filmore. Bon ! c'eſt une vieille folle. Sçavez - vous bien , Monſieur , que je lui paye tous les ans douze cents livres ſterling ?

Milord Belfont commença à faire bien peu de fond ſur l'amitié de ſon camarade. Cependant puiſqu'il avoit entamé l'affaire , il voulut en faire l'eſſai juſqu'au bout , & quoiqu'il n'eût pas bonne opinion lui-même des qualités de cet homme , il n'étoit pas ſûr que ſa mere en penſât de même. C'eſt pourquoi il réſolut de lui faire ſa leçon & de ſuivre cette affaire.

Belfont. Eh ! bien , Filmore , c'eſt une longue hiſtoire à vous conter. Je vous la dirai tout en allant : car vous me deſcendrez au Caffé de *White* , enſuite vous irez chez votre mere , & vous m'obtiendrez la liberté de viſiter ſa petite - fille. Il faut ſe conduire bien adroitement ; car la vieille Dame eſt.....
Un domeſtique vint annoncer que le carroſſe attendoit : ainſi laiſſons le Lord Belfont lui dire une hiſtoire que nous

ſçavons déja ; voyons ce qui ſe paſſoit ailleurs pendant ce tems-là.

CHAPITRE VI.

L'offre d'argent étant la pierre de touche de l'amitié, quand un homme riſque ſon argent il eſt ſûr de réuſſir.

ON peut ſe reſſouvenir d'avoir vu Scrape triomphant, après avoir chaſſé M. Stanley du Caffé, où M. Sourgrape, comme nous avons vu, étoit ſon défenſeur & ſon appui. N'eſt - ce pas être bien bon, de défendre un homme qui avoit ſi ſouvent traverſé ſes projets intéreſſés, qui avoit même acheté un choſe qu'il avoit deſiré lui - même ? Mais cette bienveillance univerſelle, pour laquelle on l'a fait connoître dans le premier chapitre de notre hiſtoire, ne ſe borna pas à défendre le pere ; elle s'étendit de même juſqu'au fils ; & après les avoir vengés tous les deux en public, il alla le lendemain matin offrir ſes ſecours au fils en particulier.

Scrape lui en avoit appris affez, pour qu'il pût paroître inftruit de tout : après cela, il étoit allé trouver M. Stanley : mais il y fut informé que George avoit été envoyé au Temple par fon pere. Il s'y rendit, tandis que Martin étoit allé faire fa vifite du matin. Stanley ne connoiffoit Sourgrape que comme un voifin de fon pere. Il le reçut poliment, & fut un peu furpris de le voir fi bien au fait de fes affaires : car il parloit de Léonore, du Lord Belfont, de Lady Filmore, du vieux Scrape, de M. Stanley & de toutes leurs actions, auffi parfaitement que fi chacun d'eux lui en eût rendu un compte exact. Dans un autre tems, George en eût été choqué, comme d'une indifcrétion de la part d'un homme qu'il connoiffoit à peine. Mais n'y ayant, entre tous ceux que Sourgrape avoit nommés, que deux per- fonnes dont il eût parlé comme de gens qui avoient agi régulierement ; fçavoir, Léonore & M. George Stanley : c'en fut affez pour que George lui paffât tout le refte. C'étoit le premier de ceux qu'il avoit rencontrés qui ne lui donnât pas le tort, & par conféquent, le premier qu'il crût dans son bon sens. Il se sentit de l'amitié pour Sourgrape ; mais il lui vint dans l'esprit que c'étoit un voisin que son pere avoit peut-être détaché pour le sonder. Il lui en toucha quelque chose, & lui fit sentir combien un tel personnage seroit peu décent. Sourgrape fit un grand éclat de rire. Corbleu ! lui dit-il, mon enfant, vous ne me connoissez pas : je déteste ces vieux avares..... qui ne veulent pas souffrir que les jeunes gens soient jeunes. Quoi ! donc, mon ami, n'ai-je pas été jeune moi-même ? Oui, corbleu ! je l'ai été ; j'aimois la petite fille autant qu'un autre.... Ma foi, j'aime à voir dans un jeune homme de la vivacité & du courage. Moi, un espion ! non, par Jingo, je ne le suis pas. Tenez, mon cher, je vais vous en convaincre. Ecoutez-moi, morbleu ! Avez vous besoin d'une centaine... vous les aurez, si vous voulez. Oui, par Jingo, vous n'avez qu'à parler ; en même tems, il tira une longue bourse. Cette derniere circonstance acheva de convaincre George, qui pensa lui sauter au cou, pour reconnoître un pareil procédé. Cependant il refusa l'argent, en difant : Ah ! Monfieur Sourgrape, je vous remercie, je ne manque point d'argent ; tout ce dont j'ai befoin, c'eft de fçavoir comment fe porte ma chere Léonore ? fi le Lord Belfont lui rend des vifites ? comment elle le reçoit ? Voilà, mon ami, voilà des chofes qui me feroient plus précieufes à fçavoir que de poffederde l'or. Oui-dà, dit Sourgrape ? Eh ! bien frappez dans ma main, vous fçaurez tout cela, tout, mon cher enfant. Comment, dit George, comment ? Le meilleur de mes amis ? .... Oui, George ; (car alors ils étoient devenus intimes :) comment ? je vais vous le dire. Quand la vieille Dame régale, c'eft Slim, le voifin de votre pere & le mien, qui lui fournit les confitures, & toutes vos diable de drogues de cette efpece : il a époufé une femme de chambre de Lady Filmore. La vieille Dame l'aime toujours beaucoup ; elle y va très-fouvent, & je fçais le moyen d'engager la mere Slim : je lui dirai que vous êtes un jeune homme plein de générofité, & je réponds qu'en votre faveur, elle lui tirera les vers du nez. Elle a un accès libre dans la maifon ; & parbleu ! fallût-il faire l'appareilleufe pour vous, elle le fera. Il y avoit à la fin de ce difcours un mot que Stanley ne put endurer. La délicateffe de fes fentimens en fut bleffée, & il ne put s'empêcher de réprimander Sourgrape, qui, de la meilleure humeur du monde, lui demanda excufe, & fe fervit d'un autre terme. Mais il promit de lui faire fçavoir le lendemain tout ce qu'il defiroit apprendre : & qu'il iroit déjeûner avec lui pourvu qu'il fût feul..... Il n'y aura perfonne, dit George, excepté le Capitaine Martin ! Quoi ! dit - il, ce jeune homme qui s'eft enfui d'Oxford, & qui eft allé roder avec vous l'été dernier ? George voulut encore le gronder; mais l'autre continua : Diable ! c'étoit un brave garçon, ma foi. Mais que dit-il ? approuve-t-il vos amours ? Hélas ! non, répliqua Stanley : cet ami qui jamais ne m'a abandonné, actuellement que tout mon bonheur en dépend, cet ami...... eft maintenant devenu mon cenfeur. Cenfeur ? reprit Sourgrape ; oh ! oh ! Dieu me damne, je ne veux point de cenfeur : non, non, nous ferons feuls, ou je ne viendrai pas. Car,

foit dit entre nous , je ne ferois pas content que vos vieux *fouliers quarrés* fçuf-
fent que je fuis venu vous voir. Comme
nous fommes voifins...... vous fçavez
qu'il s'imagine que je dois me tourner
de fon côté. Mais, parbleu ! j'aime votre
courage , & je ne veux pas être de fon
parti. Je vous fervirai : oui , morbleu ,
je vous fervirai. Mais il n'y a point de
raifon pour lui faire fçavoir nos affaires.
Et , voyez vous ? n'allez pas en rien dire
au Capitaine. Bon ! s'écria Stanley , je
lui dirai que c'eft une chofe fecrette :
cela fera auffi fûr..... Mais l'autre l'interrompit..... Oh ! vous lui direz ? ....
tant pis pour vous ; car , en vérité , je
ne me mêlerai plus de vous. Stanley
promit de n'en pas ouvrir la bouche à
ame vivante.

Martin arrivant précifément lorfque
le ci-devant cabaretier venoit de fortir,
fut furpris de trouver fon ami en fi
bonne humeur. Il lui dit qu'il étoit allé
trop tard chez le Lord Belfont......
Stanley le regardant férieufement : Sur
votre honneur, lui dit-il , vous ne l'a-
vez pas trouvé ? Stanley , répliqua l'autre , je ne fuis pas dans l'ufage de dire

des fauſſetés ; mais puiſque vous en dou-
tez , ſur mon honneur , je ne l'ai point
trouvé. Pardonnez-moi , Martin ; votre
amitié , je le ſçais , voudroit me cacher
ce dont vous penſeriez que la connoiſſance pourroit me faire de la peine.....
Y retournez - vous demain ? Non , dit
Martin ; je crois que cela vaudra mieux
après-demain matin. L'autre y conſentit,
& ils parlerent d'autres choſes. Stanley
n'avoit pas ſujet d'être plus à ſon aiſe.
Mais quand on a l'eſprit dominé par
quelque paſſion, & qu'on trouve quelqu'un qui eſt d'accord avec nous , &
approuve notre paſſion , cela ſeul eſt
une ſatisfaction prodigieuſe. Tel étoit
le cas de Stanley, dont l'eſprit ſe trouvoit plus content , depuis qu'il rencon-
troit un homme qui ſe joignoit à lui.
Il ſe laiſſa perſuader d'aller dîner chez
ſon pere , & Martin l'en preſſa , parce
qu'il ſçavoit que la famille ſeroit bien
aiſe de le voir ainſi réſigné ; peut - être
n'étoit-il pas fâché de faire voir à ſa
ſœur combien il étoit attentif pour ſa
mere : il ne chercha point alors à diſ-
puter, ni même à parler de l'amour de
Stanley ; mais il tâcha d'en détourner ſes

idées par une conversation vive & gale.
En effet , vers le soir , George devint
un peu plus inquiet : car il lui vint dans
l'esprit , que peut-être le Lord Belfont
avoit permission de visiter sa belle toutes
les fois qu'il le jugeroit à propos. Peut-
être Léonore le voyoit- elle sans regret....
Peut-être elle ne pensoit plus à lui ;
dix mille autres *peut - être* lui tour-
mentoient l'esprit. En quittant Martin ,
il le pria de ne pas prendre la peine
de venir à son appartement , & le fit si
vivement, que son ami en fut allarmé ,
& enfin s'écria : Stanley , avez - vous
quelque raison secrette pour me défendre d'aller chez vous ? Oh ! non , non ,
dit Stanley. Non ! George , répliqua
l'autre : Vous m'avez obligé dans une
occasion légere , ce matin , d'engager
mon honneur. Dites - moi maintenant
sérieusement & d'honneur, à votre tour,
avez- vous quelque motif caché ? Avez-
vous pris quelque résolution ? Je sou-
haiterois fort que vous ne pensassiez plus
à cette affaire ; cependant , si vous êtes
résolu d'aller en avant , je m'attends
que vous m'en ferez confidence ; vous
pouvez compter sur moi..... Dites-

moi bonnement, avez-vous quelque chose
en tête ? Non, répondit l'autre, sur ma
parole, je n'ai encore rien résolu; quand
il y aura quelque chose, à coup sûr,
vous en serez informé. Venez me voir
demain sur les onze heures du matin.
Pourquoi si tard, George, insista Martin ? vous avez quelque projet en tête,
je ne puis m'empêcher de le penser... Sur
mon ame, je n'ai rien : mais supposez que
Marianne vînt chez moi, s'écria Stanley.
Oh ! si cela est, répondit l'autre, je
n'ai rien à dire; & ils se séparerent ainsi.
Sa petite maitresse Allemande lui étoit
venue heureusement dans l'idée, & lui
servit d'excuse. A la vérité, il y avoit
plusieurs jours qu'il n'avoit pensé à elle;
mais quand une fois elle lui revenoit
dans la mémoire, il ne lui étoit pas si
facile de l'en chasser qu'il l'auroit de-
siré ; de sorte qu'il s'éleva maintenant
dans son ame une nouvelle perplexité.
Il étoit résolu de rompre avec elle ;
mais comment faire ? Même par rapport à l'argent , il étoit fort embarrassé : car ses gains étoient presque entierement passés pour payer ses dettes.
Quant à sa pension , quoiqu'il ne fît

plus d'extravagances , il n'étoit pas grand
économe , ni de ces jeunes gens fages
& prudents , qui ont toujours foin d'a-
voir quelque chofe en réferve ; de forte
que maintenant il fe repentoit prefque
de n'avoir pas accepté l'argent de Sourgrape.

CHAPITRE VII.

Le Lord Filmore paroît pour la derniere fois.

LE Lord Filmore, comme il avoit
été convenu, laiſſa le Lord Belfont
au Caffé de White, & promit de faire
tout ce qu'il pourroit pour attirer la
vieille Dame dans leur parti. Or il y
avoit près d'un an qu'il n'étoit allé voir
Madame ſa mere, & cette viſite ne fut pas
longue : il revint au Caffé une petite
demi-heure après, en diſant : Mon cher
Belfont, j'ai été en Purgatoire pour toi ;
regarde - moi bien , & vois ſi je n'y aî
pas été. Eh ! bien , mon bon Lord ,
allons, paſſons dans une autre chambre,
lui dit Belfont , en l'entraînant avec lui.
Parbleu ! Belfont, répondit l'autre, laiſſe-
moi donc : me prends-tu pour une ver-
deuſe d'oranges ? Ils ne furent pas plutôt
ſeuls, que Belfont s'écria : Eh! bien , qu'a-
vez-vous fait? Que dit-elle? ce que j'ai fait?
Dieu me damne , répondit Filmore; je
crois que cette femme eſt folle : oui , en
vérité, Belfont : mais, ſoit dit entre nous,

ces

ces douze cents livres fterling de penfion la tiendront en cervelle ; & je ne penfe pas qu'elle foit long-tems récalcitrante. Que diable ! Monfieur, répondit l'amant, que voulez-vous dire ? Et le tirant à lui : Monfieur, lui dit-il, ne badinez pas davantage ; dites-moi bonnement & au vrai tout ce qui s'eft paffé, ou plutôt dites-moi tout d'un coup que j'ai été un fot de compter fur vous. En effet, mon ami, dit Filmore, je ne penfe pas que vous ayez fait trop fagement. Belfont alors fe promenoit à grands pas dans la falle, en fe maudiffant lui-même. Lord Filmore continuoit à parler. Ecoute-moi donc, Belfont ; l'aventure eft affez drôle. Madame, lui dis-je, très-humble ferviteur. Bon jour, mon fils, répondit-elle. Je penfe que votre fanté eft bonne. Affez bonne, dit-elle, Dieu merci. Quelle bonne affaire, dit-elle, me procure le plaifir de votre vifite ? Je ne fais que mon devoir en vous rendant mes refpects. Enfuite je lui ai parlé de vous. Je lui ai dit que vous étiez un terrible garçon, que toutes les filles vous aimoient, que tous les garçons vous redoutent, enfin je lui ai dit monts & merveilles de vous. L'amant irrité , qui pour lors étoit tourné vers le Lord Filmore , lui jetta un coup d'œil de mépris & d'indignation ; sur quoi Filmore continua. Que penfez-vous qu'il eft arrivé? Elle s'eft tournée vers moi , & m'a regardé précifément comme vous faites maintenant , à l'exception que vous vous promenez , & qu'elle étoit à dandiner fon gros ventre dans un fauteuil. J'ai cru qu'il falloit entrer un peu en matiere Je lui ai dit que vous aviez des vues fur fa fille ; & fur le champ j'ai fonné : Qu'on appelle ma niéce , dis-je , ne fuis-je pas fon oncle ? En effet , Belfont , je fuis fon oncle. Mais , Dieu me damne , je crus que la vieille alloit mettre toute la maifon en allarme. Elle a déclamé fort contre vous , & m'a dit des injures à moi. J'étois réfolu de ne point me fâcher. Ainfi j'ai pris un fiége , & me fuis mis à fredonner une chanfon. Mais elle a pris le haut ton , à demandé fon Caroffe , & m'a mis à la porte , oui , parbleu ! elle m'a mis à la porte , jurant que vous ne mettriez jamais le pied chez elle , & qu'elle alloit de ce pas chez le vieux . . . . La pefte foit du drôle , j'ai oublié fon nom , là . . . . .

qui demeure dans la Ville. Ceci réveilla l'attention de notre amoureux, qui se tournant vers lui : Comment ! dit-il, quoi ! Qu'est-elle allée faire à la Ville ? Chez qui ? A propos, reprit l'autre, je crois avoir oublié de vous dire, qu'elle est diablement entêtée d'un certain drole, & elle est allée à la Ville pour engager le vieux Scrape, oui, Scrape, c'est le nom de cet homme, de donner son consentement au mariage. Malédiction ! s'écria Belfont irrité, que je suis un grand fot ! vîte qu'on m'aille chercher un Carrosse, je veux la suivre sur le champ. Non, s'écria l'autre, prenez le mien. Je le veux bien, dit Belfont, & aussi-tôt il y courut. Mais Filmore le rappella. Oh ! oh ! dit-il, je me ressouviens encore d'une chose : Quoi ? dit l'autre avec empressement. Quoi ! dit Filmore, elle a juré qu'elle aimeroit mieux la donner à un nommé.......Stanley, je crois, qu'à vous. Qui diable est-ce que ce Stanley, Belfont ? L'autre lui lança alors un regard tel, que Filmore ne fut pas fâché qu'il n'y eût point de tems à perdre: pour Belfont, il s'élança dans le Carrosse, & dit au Cocher de voler à la Ville; ce qu'il fit aussi-tôt.   D ij

Malgré fa diligence, la Dame arriva chez le Notaire avant lui. Elle avoit déja reçu ce matin même une autre vifite que celle de fon fils. C'étoit M. Lloïd, qui, mécontent de la rencontre de la veille avec le Lord Belfont, à qui il avoit été obligé de céder la place, étoit venu un peu plutôt qu'il n'eft d'ufage chez les gens d'une certaine façon, pour gronder la Douairiere, laquelle voyant, d'aprés ce qui étoit échappé au Lord Belfont, qu'il étoit abfolument nécef-faire de rompre la glace, & parler de cette affaire à Léonore, & ne voulant pas le faire elle-même, fut bien aife de voir Lloïd, & réfolut de le charger de ce foin. Ayant donc fait dire à Lloïd, qu'elle n'avoit gardé le Lord Belfont la veille au foir, que pour lui donner un congé final, & qu'il lui étoit permis maintenant de s'expliquer à Léonore, il fut tranfporté de joie. . . . . . quoiqu'un peu embarraffé comment s'y prendre.

La vifite du Lord Filmore fervit encore d'excufe à la Dame, pour laiffer le Gallois feul avec Léonore. Soit que M. Lloïd ne fut pas naturellement fort éloquent, ou affez chaud dans fes manieres, ſoit que Léonore ne fût pas bien diſpoſée à l'écouter, il n'eut pas plutôt entamé le premier mot de ſa paſſion, qu'avec la dignité d'une belle fille de dix-ſept ans, qui dédaigne d'écouter une déclaration d'amour de tout autre que de celui qu'elle aime, elle prit un air ſérieux, & un *que voulez vous dire, Monſieur ?* prononcé d'un certain ton, & d'un certain air, impoſa tout d'un coup ſilence au pauvre Lloïd qui ſe contenta de répondre : rien, Madame.

Comme Lady Filmore n'avoit rien dit ſur ce ſujet à Léonore, elle crut devoir ſe conduire comme ſi elle eût ignoré les inclinations de ſa grand'maman.

Après cela, la converſation ne fut pas long-tems ſans tomber. A la fin Lloïd ayant repris courage, voulut encore reprendre le même diſcours. Alors Léonore ſe leva en diſant : Vous me ſurprenez, Monſieur : & le laiſſa ſeul mordre ſes pouces. C'en étoit fait de ſes ongles, ſi la converſation de la mere & du fils eût duré plus long-tems : mais quand elle fut finie, Lady Filmore vint à lui, & quoique aſſez mécontente que Léo-

nore l'eût laiffé ainfi , elle fut convaincue qu'il avoit rompu la glace , & lui
dit de revenir l'après-dínée.

Quand Lloïd fut forti , Lady Filmore , fans gronder Léonore fur la
conduite qu'elle avoit tenue avec ce Gentilhomme , lui dit feulement , qu'elle
alloit fortir pour quelque affaire dans la
Ville , & exigea d'elle qu'elle ne reçût
aucune compagnie jufqu'à fon retour ;
qu'alors elle auroit beaucoup de chofes
à lui dire fur une affaire particuliere. Léonore lui promit volontiers de garder fa
chambre , & devinant ce que c'étoit que
cette affaire particuliere , elle n'avoit
pas envie de voir compagnie. Ainfi fa
grand'maman la quitta , & comme on
l'a dit ci-devant, elle arriva chez Scrape
avant le Lord Belfont.

CHAPITRE VIII.

*Quelque chose que l'on joue, on a sûrement
perdu la partie, quand on perd la tête.*

MILORD Belfont fut bien fâché
que la vieille Dame l'eût devancé,
comme il lui fut aifé de le voir, en trouvant fon Carroffe arrêté à la porte. Il
étoit un peu embarraffé de ce qu'il devoit
faire ; devoit-il s'y trouver vis-à-vis
d'elle ? ou attendre, pour entrer, qu'elle
fût fortie, afin que jouiffant de l'avantage d'entretenir Scrape tête-à-tête, il
pût effacer toutes les impreffions que la
Dame lui auroit données. Il réfolut de
choifir le dernier parti, & mettant un
de fes gens en faction, pour épier le
moment que la Douairiere fortiroit, il
alla attendre avec impatience dans un
Caffé voifin.

Lady Filmore, pour faire goûter à
Scrape fes arrangemens, lui dit que le
bien de M. Lloïd étoit trois fois plus
confidérable que celui du Lord Belfont,
ce qu'il fçavoit bien être très-vrai ; &

comme elle obferva que Scrape lui-méme feroit chargé de faire la recette de
tous ces revenus , avec quelques autres
points, que Milady , qui le connoiſſoit
bien , n'avoit garde d'omettre , elle
l'auroit infailliblement emporté , & les
intéréts du Lord Belfont étoient en très-
mauvais état, fans une circonſtance qui
eſt , qu'il devoit aſſurer aux jeunes gens
20000 livres ſterling après ſa mort ; ce
point fortifioit encore la cauſe du Milord , qui ne demandoit rien du tout.
Car quand Scrape auroit été réſolu de
donner tout ce qu'il poſſedoit à Léonore après ſa mort, il ne pouvoit pourtant ſouffrir de le voir lié à lui donner
un ſcheling. Il n'avoit point formé de
réſolution ſur la diſpoſition de ſa fortune :
en effet toutes ſes penſées avoient été ſi
entierement employées à l'accroître ,
qu'il lui entroit rarement dans la tête
qu'il dût être un jour dans le cas de s'en
ſéparer ; & quand par hazard une penſée
auſſi incommode lui venoit malgré lui ,
il la rejettoit toujours. Ainſi Lady Filmore avoit ici un point bien difficile à
emporter. La viſite de ſon fils lui avoit
un peu alteré l'humeur. Elle n'étoit pas

toujours maitreſſe de garder ce ſang-froid
que tous les joueurs ſçavent être ſi néceſſaire pour jouer avec avantage , &
pour ne pas ſe laiſſer altérer l'ame par un
coup malheureux. Au lieu de l'adoucir
& de tenir toujours le doigt ſur la grande
corde de ſon cœur , que l'intérêt ſeul
étoit capable de toucher , cette Dame
commença à parler haut , & fit ſonner
le mot d'*affection naturelle & d'honneur*.
Mais comme il y a certaines gens à qui
l'inoculation même ne pourroit pas donner la petite vérole , auſſi il y en a bien
peu, je crois, ſur qui l'affection naturelle
& l'honneur ne produiſent aucun effet.
A cet égard, Scrape ne ſe trouvoit pas
dans la plus grande bande. Il devint
bourru ; la Dame s'échauffa ; il s'opiniâ-
tra : elle cria haut & prit un ton impérieux ; de ſorte qu'en cinq minutes de
tems, toute la maiſon fut en rumeur. Le
grand-pere eut l'impudence de reprocher à la grand'mere , qu'elle perdoit ſa
fille par ſes folies & ſes extravagances.
La grand'mere , avec plus de juſtice
que de prudence , le taxa d'inhumanité
& de négligence. Quelque juſte que pût
être ce reproche, il ne fut d'aucun poids

auprés de Scrape. Enfin la vieille Dame entrant en fureur, menaça de lui remettre fa petite-fille entre les mains, & de ne plus fe mêler d'elle, ni de lui. Puifque vous vous plaignez, dit-elle, que je fais trop de dépenfe pour elle, vous pouvez maintenant la garder chez vous : je vous l'enverrai dès cet après-midi : oui, sûrement, vieux bon homme, vous l'aurez, s'écria la Douairiere irritée. Ce propos fit un effet fubit fur le vieux avare, qui fentit tout d'un coup, que fi fa petite-fille venoit chez lui, toute la dépenfe tomberoit fur lui ; il confideroit qu'en la mariant, même hors de fa maifon, il n'en falloit pas davantage pour ruiner à moitié un pauvre homme tel que lui, qui n'avoit guères plus qu'une centaine de mille livres fterling. Il commença donc à faire tout ce qu'il put pour appaifer la Douairiere. Mais le feu de fa colere étoit allumé, & toutes fes flatteries, femblables à un vent d'oueft léger, ne firent qu'allumer davantage la flamme. A moins qu'il ne confentît à figner les articles conformes à fes defirs, elle vouloit lui renvoyer fa petite-fille. Il étoit douteux alors quel tour alloient prendre les affaires ; car Scrape se feroit soumis à toutes les conditions après sa mort, plutôt qu'à débourser un sol de son vivant. Le Lord Belfont fatigué d'attendre dans le Caffé, & craignant que s'il différoit davantage on n'en vînt à quelque conclusion peu favorable à ses prétentions, résolut de paroître devant la vieille Dame, & arriva précisément dans ce moment critique. Sa vue auroit dû calmer la Dame ; tout au contraire, elle n'en devint que plus animée. Le Lord apperçut bien-tôt où en étoient les choses ; il vit que Scrape avoit besoin d'être secondé, & il prit tous les moyens pour lui redonner du courage ; mais il ne vouloit pas le laisser parler beaucoup ; & en effet, le vieux avare ne cherchoit rien moins qu'à parler. Le Lord reprit donc la conversation, & traita la Douairiere avec tant de politesse & de froideur, qu'elle perdit bien tôt patience : car rien n'est si peu capable de calmer notre colere, que de voir une froideur outrée dans notre antagoniste. Le Lord le sçavoit fort bien, & il joua son rôle en conséquence. Enfin la Dame en sortit enflammée de colere, en jurant qu'elle alloit se debarrasser d'eux tous, & renvoyer sa petite-fille si-tôt qu'elle seroit de retour.

Le pauvre avare avoit le cœur trop plein, pour ne pas chercher à se soulager : il ne vit pas plutôt le Lord Belfont seul avec lui, qu'il s'écria : Eh ! bien, Milord, vous le voyez ; je n'ai pas voulu vous abandonner comme elle le desiroit ; la voilà résolue à me ruiner tout d'un coup : elle va me renvoyer Léonore. Qu'est-ce que j'en ferai ? En même tems il se mit à lamenter. Que le diable l'emporte , je n'en veux point. Que ferai-je d'une belle Dame de Cour ? Non , je veux mourir si je la reçois. Au bout du compte , c'est elle qui l'a mise sur le ton où elle est ; qu'elle la garde. Je suis résolu ; elle ne mettra pas les pieds ici. Le Lord Belfont fut bien aise de trouver que la seule crainte qu'avoit Scrape de voir sa petite-fille , étoit qu'elle ne le constituât en dépense. Il n'étoit pas homme à se choquer , quand on lui offroit quelque chose qui pouvoit lui être avantageux. Ainsi le Lord Belfont ne risquoit pas d'offenser son beau-pere prétendu, en lui faisant entendre qu'il se chargeroit de toute la dépense , tant que Lady Filmore resteroit dans la Ville. Cependant le Lord Belfont étoit si habitué à faire les choses d'une maniere aisée & convenable, qu'un homme plus délicat que Isaac Scrape, n'auroit pas pu s'en formaliser.

Il ne fut pas plutôt assuré que sa petite-fille ne lui seroit point à charge, & que son intérêt n'en souffriroit pas, que ses autres passions commencerent à entrer en jeu. Car ces sortes de gens-là ont aussi leurs passions, quoiqu'elles ne paroissent jamais à découvert, que lorsque leur intérêt s'y trouve compromis. Quand on a affaire à un homme de ce caractere, on peut à coup sûr le mépriser, le traiter avec dédain, l'injurier, dire & faire tout ce qu'il vous plaît, il le supportera avec patience. Mais il ne faut pas en conclure qu'il n'ait point de ressentiment, point d'orgueil, point de colere, point de fiel dans l'ame. Il n'y a point de maitresse délaissée aprés la jouissance, qui ait plus d'envie de se venger, point de soldat attaqué dans son honneur, qui soit plus jaloux d'un affront, que ces sortes de gens ; laissez-les une fois terminer leur affaire & parvenir à leur but, vous ver-

rez bien-tôt quelle vengeance ils tire-
ront.

Scrape ne haïffoit à préfent qui que
ce fût que Lady Filmore. Elle avoit
reçu fa fille chez elle, & l'avoit entretenue après fa défobéiffance, & dans le
tems qu'il avoit juré de lui laiffer dé-
vorer fes chagrins. De plus, elle avoit
nourri & élevé la fille de cette fille que
Scrape avoit réfolu d'abandonner ; comme elle n'avoit épargné pour cela aucune dépenfe, tout le monde avoit fait
fonner bien haut les éloges de cette Dame, & la critique ne s'étoit pas tû tout-
à-fait fur fon compte. Ainfi après le
plaifir de gagner de l'argent, il n'y
avoit rien à quoi il fût fi difpofé à livrer
fon cœur, qu'à la fatisfaction de traverfer
Lady Filmore. Quand il vit donc le Lord
Belfont bien difpofé à fe charger de toute
la dépenfe, il l'aima prefque jufqu'à
l'adoration, & vouloit envoyer chercher
fur le champ Léonore : Milord ne voulut pas le fouffrir. Il penfa que dans la
chaleur de fon reffentiment, & les premiers momens de fa colere, Lady Filmore pourroit bien envoyer Léonore à
la Ville ; mais que fi fa paffion fe refroi-

diſſoit en retournant chez elle , & qu'un moment de réflexion la fît rentrer en elle-même , elle avoit trop de bon ſens pour faire une choſe qui ne manqueroit pas de ruiner tous ſes projets. Envoyer chercher Léonore , n'auroit ſervi qu'à la faire rentrer en elle-même ; & lui faire ſentir ſa faute, c'eût été la lui faire éviter pour toujours. C'eſt pourquoi il pria, tout au contraire , le prétendu beau-pere , de faire ſemblant d'avoir peur qu'elle ne renvoyât ſa petite-fille , de lui envoyer un meſſage pour la prier de n'en rien faire, & lui demander comme une grace un peu de tems pour y penſer. Car Milord ſçavoit que M. Lloïd n'étoit pas d'humeur , ainſi que lui, à prendre la Demoiſelle ſans fortune ; c'eſt pourquoi il crut qu'il étoit abſolument néceſſaire de gagner du tems. Or Milady, comme il l'avoit très-bien imaginé , avoit fait ſes réflexions en retournant chez elle , & changé de deſſein de renvoyer à Scrape ſa petite-fille.

CHAPITRE IX.

Une réfolution prife en colere, ne dure qu'autant que la colere.

LADY Filmore trouvant qu'il n'é-
toit venu perfonne chez elle ; &
que Léonore n'avoit pas bougé de fon appartement, fut fi charmée de cette petite
bagatelle, qu'elle s'imagina être de très-
bonne humeur, & monta auffi-tôt à la
chambre de fa petite-fille. La pauvre
Léonore avoit été occupée pendant tout
ce tems à des réflexions mélancoliques
fur fa fituation. Elle reconnoiffoit les
grands foins & l'affection de fa grand'-
mere ; ce n'étoit pas un foible chagrin
pour fon cœur, de voir la moindre circonftance où elle dût paroître la contredire. Elle ne pouvoit fe diffimuler que
Lloïd avoit obtenu de Lady Filmore la
permiffion de lui faire fa cour, & elle
fçavoit très-bien que fon propre cœur
ne pouvoit fouffrir qu'elle le reçût. Quant
au Lord Belfont, elle s'étoit mife en
tête qu'il l'avoit réellement mal-traitée,

& que fa paffion étoit une infulte pour elle. Enfin elle fe trouvoit véritablement offenfée de fon obftination, quoiqu'elle ne fût pas tout-à-fait mécontente de la perfévérance de Stanley. Elle lui avoit dit de ceffer fes pourfuites ; mais c'étoit une chofe impoffible : & même elle commençoit elle - même à le croire auffi. C'eft pourquoi elle réfolut de ne plus penfer à lui davantage. En conféquence, elle foupira, & dit à fon cœur qu'elle l'avoit oublié. Puis elle foupira encore, & fe rappella, peut-être avec quelque plaifir, combien elle l'avoit aimé fincerement. Il n'y avoit point de danger à cela, puifqu'elle l'avoit actuellement oublié. Mais auffi, puifqu'elle s'en étoit détachée pour obliger fa grand'maman, n'y avoit-il pas de la dureté à elle d'exiger qu'elle fe facrifiât à un homme qui ne pouvoit pas être de fon goût ? Telles étoient fes réflexions, quand fa grand'-maman entra. Cette Dame apperçut aifément que l'ame de fa petite fille étoit agitée de quelque trouble intérieur ; elle s'affit cependant, & dit crûment à Léo-nore, que fa tendreffe pour elle lui avoit infpiré de jetter les yeux fur un mari qui lui convînt, & qu'elle l'avoit rencontré dans la perfonne de M. Lloïd ; que c'étoit un jeune homme prodigieufement riche, & d'une des plus anciennes familles de toute l'Ifle. Léonore pâlit, quoiqu'il n'y eût là rien à quoi elle ne fe fût attendue. La bonne Dame qui n'étoit pas dans cette affiette tranquille qu'on devroit toujours conferver, quand on a quelque point d'importance à ménager, traita fon trouble avec affez d'indifférence, & infifta d'un air impérieux à ce qu'elle confentît fur le champ, & qu'elle obéît à fes ordres : difant qu'affurément elle fçavoit quels étoient les gens bons à voir, & qu'elle vouloit que tout le monde chez elle leur montrât des égards. Oui, ma grand'maman, je ne manquerai jamais d'égards pour vos amis..... Mais..... Mais ! La Douairiere ne vouloit point entendre de *Mais* : fon mécontentement lui éleva la voix, & fa voix réciproquement excita fa colere. Elle répéta les menaces qu'elle avoit déja faites chez Scrape, & elles ne cauferent pas moins d'allarmes ici. Elle les commença par dire : Oui-dà ! je crois que votre vanité veut un titre, petite entêtée ! L'homme

que je vous préfente eft d'une famille
cent fois auffi bonne..... Il vous faut un
Lord, à vous & à votre grand - pere !
·Ici, Léonore retrouva fa voix, & s'en
fervit avec empreffement, pour affurer
qu'elle n'avoit pas la moindre, la plus
foible idée fur Milord. Tout cela fut inutile; on l'accufa alors d'une paffion encore plus baffe pour le fils d'un Marchand. Elle répondit par un *Non* de tems
en tems, & toujours laiffoit couler quelques larmes. La vieille Dame devint
furieufe. Mais ce moyen, au lieu de gagner la belle Léonore, lui infpira une
petite portion du courage & de la vivacité de fa grand'mere. Elle ramaffa affez
de force pour avouer que Stanley ne lui
étoit pas indifférent; en même tems,
protefta de ne plus penfer à lui : & auffi
demanda.... pria..... que, comme elle
facrifioit fa propre inclination, on ne la
forçât point à rien qui fût abfolument
contre fa volonté. Elle parla auffi de fon
âge. Que fçais-je? tout cela ne fit qu'irriter la vieille Dame, qui à la fin menaça de la renvoyer fur le champ chez
fon grand-pere, & ne manqua pas de
lui obferver combien le vieux Scrape

étoit attaché aux intéréts de Milord Belfont. Votre grand-pere, ajouta - t - elle,
n'eft pas fi fimple que moi, de fe laiffer
attendrir par les larmes d'une fille. Léonore foupira, pleura, fit des protefta-
tions, enfuite elle pria, promit & pleura
encore. Pour toute conclufion, la grand'-
mere obtint que la jeune Demoifelle
traiteroit M. Lloïd l'après - dinée avec
politeffe, & la Douairiere promit, pour
cette fois, de ne pas le laiffer feul avec
elle. La vérité eft qu'elles avoient pris
l'allarme toutes les deux. Lady Filmore,
voyant à Léonore plus de courage & de
réfolution qu'elle ne lui en avoit jamais
vu, craignit un peu de la pouffer trop
à bout ; car quoiqu'elle lui fentît quelque
chofe qui approchoit d'un dégoût for-
mel pour le Lord Belfont, elle ne lui
remarquoit pourtant aucune apparence
d'inclination pour M. Lloïd ; & elle ne
fçavoit pas, dans le cas où on la pref-
feroit trop fort, fi, malgré fes promeffes,
elle ne chercheroit pas à fe débarraffer de
tous les deux, en fe jettant dans les bras
de Stanley. C'eft pourquoi elle fe contenta d'obtenir que Lloïd pût lui rendre
vifite : elle l'affura que bien-tôt elle

changeroit de penſée à ſon égard:elle lui raconta le courage qu'il avoit montré le ſoir qu'il s'étoit trouvé avec le Lord Belfont ; elle exalta beaucoup ſa prudence, & je ne ſçais quoi encore. Enſuite elle lui gliſſa quelques mots en paſſant du caractere dur de ſon grand-pere, & dit que, ſi une fois il la tenoit en ſa puiſſance, il n'y auroit pas à s'en défendre, & qu'il la forceroit auſſi-tôt de donner ſa main au premier qu'il lui préſenteroit, ſans conſulter ſon inclination. Léonore n'ignoroit pas cette partie du caractere de ſon grand - pere ; & comme elle déteſtoit toute idée d'être jamais au Lord Belfont, elle ne put s'empêcher d'être fortement allarmée de la plus légere idée de ſe voir ſous la diſpoſition de Scrape , qui pouvoit la forcer à la choſe du monde qu'elle abhorroit le plus. A l'égard de Lloïd, quoiqu'en effet elle ne l'aimât pas, s'il n'eût pas eu la témérité de prétendre à elle, elle l'auroit goûté tout auſſi bien qu'un autre. Peut-être même ſe croyoit-elle un peu obligée à M. Lloïd , puiſque, ſans lui, il étoit aſſez probable que Lady Filmore auroit épouſé les intérêts du Lord Belfont, de forte que du moins elle ne pouvoit pas objecter à Lloïd, d'être le rival de Belfont..... Au lieu qu'elle haïffoit actuellement ce dernier, parce qu'il étoit le rival de Stanley.

Ainfi dans l'appréhenfion où étoit Léonore d'être renvoyée chez fon grandpere, elle ne fut pas fâchée de compofer pour la vifite de Lloïd, pourvu qu'on n'exigeât d'elle rien de plus qu'une civilité ordinaire. La grand'mere crut, qu'ayant gagné une fois ce point, le refte viendroit de foi-même ; de forte que l'une & l'autre, fans être délivrées toutà-fait de leurs perplexités, n'étoient pas mécontentes d'elles-mêmes ; avec cette différence pourtant, que ia Douairiere fçachant où tendoient fes vues, étoit à même de prendre les mefures propres à la tirer d'embarras : au lieu que la jeune Mifs fe fentoit le cœur dans une fituation gênée, fans en fçavoir la caufe. Elle avoit réfolu d'oublier Stanley ; ainfi ce ne pouvoit pas être de ce côté-là que venoit ce mal-aife ; cependant elle ne pouvoit pas s'en rendre compte à ellemême.

Voici quelle étoit la perplexité de

Lady Filmore. Elle ſçavoit que madame Lloïd, ſon amie, ne conſentiroit
jamais au mariage ſans une aſſurance certaine, & elle ne voyoit pas d'apparence
d'amener jamais Scrape à faire un éta-
bliſſement à ſa petite-fille : cependant
elle ne pouvoit ſupporter l'idée d'abandonner ſon projet favori. Quand une
fois nous ſommes butés à quelque deſſein, nous nous prêtons pour le faire
réuſſir à mille choſes que nous n'aurions
jamais voulu écouter ſans cela. Lady
Filmore étoit une femme de probité,
d'un excellent caractere, pleine de compaſſion & charitable ; elle avoit avec
cela un fonds d'honneur inépuiſable. Elle
ne ſe ſeroit jamais pardonné d'engager
le fils de ſon amie à la moindre démarche contre les inclinations de ſa mere :
d'un autre côté ſouffrir que ſa petite-fille
épousât un homme clandeſtinement, ſon
orgueil en auroit été choqué en toute
occaſion. Mais auſſi elle étoit butée à
faire réuſſir ce mariage ; d'autres raiſonnemens venoient encore à l'appui......
La famille de ce Gentilhomme lui donne
droit de prétendre à toutes les femmes
qu'il voudra...... Ma petite-fille eſt un

parti fortable pour tout homme : elle a un bien confidérable..... Tôt ou tard, elle jouira d'une grande fortune. Elle réfolut donc d'entretenir les chofes fur pied, de donner au jeune homme tous les encouragemens qu'elle pourroit...... de foutenir l'attente qu'avoit la mere d'une fortune, autant qu'elle pourroit; d'effayer encore de gagner quelque chofe fur l'efprit de Scrape, & de faire tout fon poffible pour réfoudre Léonore. Si une fois elle venoit à bout de fes fins, alors, quand Scrape demeureroit inflexible & opiniâtre, & que Madame Lloïd voudroit fe retirer, fi le cœur du jeune homme étoit engagé & qu'il voulût courir les rifques d'une fortune (au bout du compte ce n'étoit que ce que le Lord Belfont avoit offert, & par où on pouvoit piquer fon orgueil,) elle ne fe croiroit pas abfolument obligé par devoir, de traverfer les mefures que ces jeunes gens voudroient embraffer. C'eft ainfi que Lady Filmore avoit arrangé fes batteries, & elle étoit réfolue d'agir en conféquence : de forte que toutes les fois que Madame Lloïd venoit à la maifon, ce qui lui arrivoit conftamment une fois

par

par jour & souvent plus, Lady Filmore le recevoit avec beaucoup d'amitié & d'égards , & Léonore avec une politesse très-froide.

CHAPITRE X.

Retournons encore au Temple.

SOURGRAPE tint parole & se rendit le lendemain matin de fort bonne heure chez Stanley qui étoit charmé de l'entendre. Mais Sourgrape ne voulut pas dire un mot, sans s'être bien assuré auparavant, que ni le Capitaine Martin , ni aucun autre n'étoit à portée de l'écouter. Alors il lui dit : Eh ! bien , mon enfant, j'ai bien des nouvelles à vous apprendre. Ma foi , je fais faire à la mere Slim tout ce que je veux. Je suis allé la trouver, je lui ai beaucoup parlé de Lady Filmore son amie. Stanley plein d'impatience répondit : Je ne m'inquiette pas comment vous vous y êtes pris.... dites-moi seulement ce que vous avez appris de ma chere Léonore..... Parlez : les

II. Partie.   E

nouvelles sont-elles bonnes ou mauvaises ? Eh ! bien donc , George , je veux
mourir , si je sçais si elles sont bonnes ou
mauvaises : le vieux Scrape a donné son
consentement au Lord Belfont ; ils ont
passé toute la journée d'hier ensemble.
O Ciel ! s'écria l'Amant. Doucement :
parbleu ! un peu de tranquillité. La vieille
Dame n'y veut pas donner les mains. Que
le Ciel soit sa récompense ! s'écria Stanley , dans un espece d'extase. Pourquoi
donc , dit Sourgrape ? Vous voilà encore dans l'erreur : oui , vous avez encore tort. Comment ! reprit , Stanley :
ne dites-vous pas que Lady Filmore a
refusé ce ravisseur ? Bon ! bon ! au diable
soit votre extravagance , votre bonne
Dame , votre ravisseur ! Qu'est-ce que
tout cela ? Dieu me damne ! je vous
dis..... qu'elle a un autre homme en
main, un nommé Lloïd ; & ses affaires
sont en meilleur train que les vôtres à
tous les deux, Dieu me damne ! L'Amant
s'écria encore & maudit son sort : mais
à la fin , il dit à son émissaire de lui raconter le tout dans le plus grand détail.
Sur quoi il continua ainsi : Eh ! bien donc,
comme je sortois d'ici pour me rendre

chez moi , la premiere chofe que je vois, c'eft le carroffe de la Dame à la porte de Scrape. Diable ! penfai-je, cela eft fingulier ; je l'ai fouvent vu dans notre rue à la porte de votre pere , mais jamais chez Scrape. Auffi-tôt, ma foi, je vais aux informations , à la maifon vis-à-vis ; le drôle qui la tient me doit quelque argent. Je m'y arrête un peu , & tout de fuite je vois entrer chez Scrape un grand garçon en habit galonné. Comment ! dis-je, en moi-même, qui eft cet homme ? Il étoit forti auffi d'un carroffe. J'envoie mon homme fçavoir qui c'étoit. Eh ! bien, Dieu me damne ! qui croyez-vous que c'étoit ? Mon Dieu ! Monfieur Sourgrape, dit Stanley , dites - moi ce que vous avez entendu dire, d'abord de Miff Filmore. Ah ! répliqua Sourgrape, un peu de patience. Qui diable pouvoit-ce être que le Lord Belfont ? Comment ! Belfont ! dit Stanley : ô Ciel ! ainfi tout eft donc fait ? Non, par ma foi, s'écria l'autre ; il n'y a rien de fait du tout. Car environ dix minutes après , Milady eft fortie & remontée en carroffe. J'ai pu voir aifément qu'elle étoit fort en colere. Que fis-je alors ? ma foi, j'entre tout bonnement chez le vieux Scrape , fous prétexte d'une affaire. Je refte à caufer avec fa femme pendant une bonne demi-heure. Du diable ! Il n'y a pas eu moyen de rien tirer d'elle. A la fin , le vieux Reitre eft entré lui-même. Après avoir parlé de mon affaire : Voifin , lui dis-je, voilà bien des Grands qui vous rendent vifite. Ainfi j'ai flatté la vanité du vieux coquin. Dieu me damne ! fi je ne lui ai fait dire tout. Ici il rendit compte à Stanley de tout ce qui s'étoit paffé dans la Cité ; puis continuant fon difcours : Parbleu ! la vieille femme en fçait trop long pour eux : car le foir, la mere Slim m'eft venu trouver , & m'a dit qu'elle fortoit à l'inftant d'avec elle. Elle a dé-couvert par Milady , que le diable a été en l'air toute la matinée , après que la vieille Dame a été de retour de la Ville : que Léonore a confenti enfin à recevoir ce même Lloïd ; & elle dit que Lloïd y étoit encore à fept heures du foir, quand elle eft revenue. Ce recit allarma notre amant au-delà de toute expreffion : il ar-penta cent fois la chambre. Cent fois il fut fur le point d'accufer fa maitreffe d'infidélité , & autant de fois il s'arrêta, tantôt ne pouvant pas croire le récit qu'il venoit d'entendre, & tantôt rejettant tout le blâme fur la grand'mere. Cependant fon émiffaire lui fit reprendre fes fens, & lui montra que cette double rivalité ferviroit du moins à différer les affaires ; de forte que George reprit encore fa tranquillité. En effet, ce troifiéme prétendant ne lui caufa point cette inquiétude que l'on peut fuppofer qu'auroit fait naître un nouveau rival. Cela fembloit en quelque forte l'excufer du reproche d'être un obftacle au bonheur de fon ami : réflexion qui ne laiffoit pas quelquefois de lui caufer du chagrin. Pour ce qui eft du fuccès de ce rival, il ne le redoutoit point du tout. Il fçavoit que le Lord Belfont étoit un homme propre à réuffir auprès de toutes les femmes : mais la haute idée qu'il avoit de l'entendement de Léonore, & peut-être un peu d'amour-propre, lui faifoit regarder comme une chofe impoffible, que tout autre que le Lord Belfont, ou lui, pût réuffir auprès de Léonore.

Stanley fit à Sourgrape une confidence entiere de fes affaires, fans omettre même fa petite Allemande, quoiqu'il se fût bien promis de n'avoir plus aucun amour pour elle , & que tout son cœur fût à Léonore. Dieu me damne ! dit Sourgrape , si vous ne l'aimez plus, de quoi diable vous inquiettez-vous ? Vous dites qu'elle est jolie ; eh ! bien qu'elle songe à sa fortune. Allez , elle s'en tirera bien , je vous en réponds. Comment ! Monsieur , dit Stanley , je suis assez malheureux d'avoir séduit cette pauvre fille : quoique Dieu m'est témoin que j'en ai triomphé dans un moment où je n'avois aucune intention de l'entreprendre. Non , ma foi, ce n'a pas été de dessein prémédité. La pauvre malheureuse ! je la plains de tout mon cœur. C'est moi qui l'ai ruinée ; cependant elle n'est pas libertine : à Dieu ne plaise que je veuille l'exposer à l'infamie. Je consentirois plutôt à perdre la vie , que de concevoir une telle pensée. Fort bien , dit , Sourgrape ; voilà ce qui s'appelle un brave garçon. Je vous aime à cause de votre honneur. A la vérité je ne voulois que vous éprouver : (quoiqu'en effet le ci - devant Tavernier ne faisoit pas grand cas de lui ni de son honneur.) Qu'avez-vous donc envie de faire pour cette fille ? George l'assura que résolu de ne plus la regarder comme maitresse, il vouloit la pourvoir, s'il étoit possible, en lui faisant apprendre quelque métier où elle pût gagner sa vie en travaillant, ou bien la renvoyer dans son pays. Mais se plaignant de ce que pour le présent, il n'étoit en état de faire ni l'un ni l'autre, faute d'argent, il lui insinua qu'il accepteroit volontiers la somme qu'il lui avoit si généreusement offerte la veille. Malheureusement, Sourgrape en avoit disposé : mais comme il marqua une sorte de chagrin de cet événement, Stanley lui en eut la même obligation.

Cependant ce bon ami se rappella à la fin, qu'il y avoit un homme de sa connoissance, un prêteur sur gages, à la vérité, grand usurier & extrêmement cher ; mais, dit-il, je l'ai vu quelquefois prêter de l'argent sur une obligation personnelle. Il offrit à George de l'amener. Pour cet effet ils sortirent ensemble, & Sourgrape envoya chercher Monsieur Blueball, qui consentit de prêter à Stanley, puisqu'il étoit ami de M. Sourgrape, une somme de deux cents livres, sur son billet ; c'est-à-dire, qu'il

E iv

recevoit un billet de deux cents livres payable dans trois mois , après en avoir déduit l'intérêt d'une année. Car il lui dit qu'il étoit dans l'usage de ne jamais prendre d'intérêt de moins qu'une année, & de ne prêter le principal que pour trois mois. Pour de prime, il n'en prenoit jamais. A la vérité, si les Messieurs à qui il avoit affaire, vouloient prendre quelque marchandise dans sa boutique , ils le pouvoient. Au reste, il ne prêtoit jamais à d'autres qu'à ses pratiques : de sorte que George fut obligé de passer par là, avant que d'être son débiteur. M. Blueball lui mettant quelques petites bagatelles entre les mains, il se trouva en un moment sur les regiftres de Blueball , pour environ vingt guinées ; de sorte que de deux cents livres , il ne remporta guères que 170 livres de net. Cependant, avec cette somme, qui étoit bien suffisante pour répondre à ses desseins actuels, il sortit en très - bonne humeur, & sçachant que sa petite-fille Allemande étoit connoisseuse en dentelles , ce fut dans cette profession qu'il se proposa de la placer.

CHAPITRE XI.

Une femme peut avoir beaucoup de mérite,
quoiqu'elle ait perdu une vertu.

MARTIN qui avoit attendu quelque tems avec une certaine impatience, fut charmé de voir Stanley, & furtout de le trouver de meilleure humeur qu'il n'avoit été depuis quelques jours. Stanley lui dit la réfolution qu'il avoit formée de quitter fa maitreffe, & de pourvoir à fon bien-être : réfolution qui, dans tout autre tems, auroit fait beaucoup de plaifir à fon ami ; mais qui, pour le moment actuel, lui fembloit indiquer un attachement fi déterminé pour Léonore , qu'il ne pouvoit s'empêcher d'en être un peu fâché. Il tâcha même de le diffuader de quitter une fille qui s'étoit toujours fi bien conduite avec lui, du moins jufqu'à ce qu'il pût la pourvoir. Pour toute réponfe, Stanley lui dit ce qu'il venoit de faire. Martin qui connoiffoit un peu le caractere de Sourgrape, ne fut pas content que fon ami fe fût lié avec un tel homme. Mais cet homme s'étoit donné tant de peine , même sans aucun intérêt visible , qu'il ne pouvoit rien trouver de mal en lui. Martin voulut persuader à Stanley de rendre les deux cents livres , & de laisser , pour le présent , sa petite-fille comme elle étoit. Notre Amant l'interrompant , jura qu'il ne pouvoit laisser croire à personne qu'aucune femme eût la moindre part dans un cœur qui étoit tout entier à sa chere Léonore.

Martin le voyant en si bonne humeur, s'aventura de parler de la passion du Lord Belfont comme un obstacle à la sienne : d'un autre côté, Stanley protesta de ne jamais céder Léonore. Il parla avec modération du Lord Belfont ; il est vrai qu'il dit que Milord l'avoit traité un peu trop durement , mais il reconnut toutes ses vertus. Ensuite il exigea que Martin prît la peine de préparer la petite Allemande à la résolution déterminée qu'il avoit formée de ne plus la voir davantage. Cette fille avoit bien des qualités ; elle admiroit & aimoit fort Stanley. Il en avoit triomphé à la vérité ; mais pour tout autre homme, elle étoit aussi froide qu'une Veſtale ; & quoique ſon affection pour lui fût ſincere & complette, elle n'étoit pas cependant accompagnée de ce feu qui ſe rencontre ſouvent avec la ſincérité en amour. Elle ſçavoit bien qu'elle n'étoit pas la femme de Stanley ; elle le regardoit comme ſon maître & ſon Seigneur, & dans cette qualité, il pouvoit exiger d'elle l'obéiſſance la plus entiere. Elle ſongeoit avec chagrin qu'il viendroit un jour où il faudroit ſe ſéparer ; mais jamais elle ne s'étoit flattée que le moment de cette ſéparation ne dût pas venir. Stanley la traitoit toujours avec de bonnes manieres, & même avec un peu d'affection ; ſouvent elle lui avoit dit, moitié ſérieuſement, moitié en riant, qu'elle croyoit bien avoir alors plus de part dans ſon cœur que toute autre femme ; mais qu'il viendroit un jour où quelque autre femme feroit réellement maitreſſe de ſon cœur ; & elle ajoûtoit, pourvu que ce puiſſe être votre femme, je m'en conſolerai.

Malgré ſa réſignation, quand Martin alla s'acquitter de ſa commiſſion, elle ne fut pas tout-à-fait ſi contente. Peut-être étoit ce parce que la Dame qu'il aimoit

n'étoit pas encore fa femme. L'emploi
étoit affez défagréable. Mais fes raifon-
nemens , joints au propre bon-fens de
cette pauvre fille, l'emporterent à la fin.
Elle crut à la vérité qu'il étoit dur de ne
plus jamais le revoir ; elle difoit que
pourvu que , de tems en tems , il vînt la
voir , & lui dire feulement qu'il ne la
haïffoit pas, il ne lui en falloit pas davantage; qu'il fçavoit bien que jamais elle
n'avoit rien tant defiré que fa compagnie;
& que fi fa malheureufe fituation, (car
elle étoit alors bien proche du tems de
fes couches ,) annonçoit qu'il ne s'en
étoit pas tenu là, il devoit avouer que
c'étoit lui-même & non pas elle qu'il
en falloit blâmer , & que jamais elle
n'avoit été libertine. Il eft fâcheux que
mes Lecteurs femelles n'entendent pas
l'Allemand ; j'aurois pu leur rapporter
les mêmes termes dont cette pauvre fille
délaiffée fe fervit dans cette occafion ;
& fi je l'euffe fait , je crains qu'elles
n'euffent jamais voulu pardonner à notre
Héros ; car fûrement jamais femme n'a-
voit péché avec tant d'innocence. S'il lui
manquoit une vertu, que poffedent quelques unes des plus méchantes femmes ,

elle en avoit beaucoup d'autres que les meilleures & les plus dignes de son sexe auroient été ambitieuses de posséder. Elle se soumit cependant, puisqu'il l'avoit résolu ainsi, à ne plus voir Stanley ; tout ce qu'elle demanda fut, que si elle accouchoit d'un fils, il portât le nom de George. Martin devint presque amoureux d'elle en lui voyant une telle conduite. Il lui dit le dessein qu'avoit Stanley de la pourvoir ; à quoi elle se contenta de répondre, que, quoi qu'elle sçavoit n'avoir jamais été maitresse de son cœur, elle connoissoit trop ce qu'il valoit pour soupçonner qu'il voulût abandonner dans le monde, une personne dont il sçavoit avoir possédé entierement le cœur. Elle connoissoit fort bien Martin , & ils discoururent beaucoup ensemble. Entre autres choses, elle lui demanda si cette Dame étoit réellement *bien* belle ..... *bien* jolie..... *bien* bonne , & quantité d'autres *bien* semblables, qui embarrasserent un peu la politesse & l'honnêteté de Monsieur Martin ; cependant il éluda la réponse, en l'assurant que Stanley la viendroit voir lui-même dans l'après-dînée, & qu'il ne croyoit pas qu'il convînt

de la quitter dans l'état où elle se trouvoit. Martin de retour pres de son ami,
s'étendit tellement sur les louanges de
cette malheureuse fille, que Stanley
commença sincerement à se repentir d'a-
voir été le séducteur d'une si digne créature. Martin lui conseilla de continuer
à la voir, du moins jusqu'à ce qu'elle fût
accouchée ; mais il ne voulut consentir
qu'à lui faire une seule visite dans le jour
même.

Le Capitaine étoit allé le premier
pour l'instruire des intentions de Stanley.
Elle le remercia, voyant que c'étoit à lui
qu'elle devoit cette faveur, & le pria
d'engager Stanley à ne pas lui dire un
seul mot de leur séparation. Il faut pourtant, dit-elle, que je m'informe un peu
de la Dame : plaise à Dieu qu'elle soit
digne de son affection. Alors elle répandit quelques larmes & attendit Stanley en silence. Quand il vint, elle le
reçut avec sa bonne humeur & son air
ouvert ordinaire, quoiqu'il étoit aisé de
voir que son ame n'étoit pas tranquille.
Il fut frappé de sa façon d'agir. Si elle
l'eût querellé de l'abandonner, si elle
lui eût reproché son amour, peut-être

auroit-il été convaincu quil étoit tems
de la quitter. Mais cette réſignation reſpectueuſe, cette bonne humeur, lui tou-
cherent le cœur ; & à l'inſtant, peut-
être, il ſentit plus d'amour qu'il n'en
avoit jamais eu pour elle. Ses ſentimens
pour Léonore furent ſuſpendus pour un
moment ; mais Léonore l'emporta. Il
ſentit même une eſpece d'orgueil, en
lui faiſant un tel ſacrifice ; mais cela n'a-
joûta pas peu à ſon eſtime pour cette
fille, de ſentir qu'elle étoit un ſacrifice
digne de Léonore. Pour l'Allemande,
elle ne lui dit pas un ſeul mot d'elle-même, & ne voulut pas ſouffrir que George
ou ſon ami en diſent rien ; mais elle s'informa beaucoup de la Dame à qui elle
devoit céder la place ; mais elle le fit
d'une façon ſi douce & ſi aimable, qu'elle
engagea Stanley à lui faire un détail cir-
conſtancié de toute l'affaire. Quand il
parla du Lord Belfont, elle ne put
s'empêcher de dire : Sûrement, vous ne
pouvez rien craindre de ſa part ? Peut-
être en ce moment, ſa vanité ſe trouva-t-
elle flattée de lui avoir réſiſté. George
à la fin lui proteſta, que quoiqu'il ceſſât
d'être ſon amant, il ſeroit toujours ſon

ami ; il alloit lui dire tout ce qu'il avoit deſſein de faire pour elle ; mais elle lui coupa la parole en diſant..... Excuſez-moi ſeulement pour un inſtant ; & elle ſortit de la chambre. George & ſon ami reſterent ſeuls une bonne demi-heure ; ſurpris de ne pas la voir revenir, ils appellerent ſa ſervante ; mais ils trouverent qu'elles étoient ſorties en-ſemble. La fille revint bien-tôt après avec un billet , adreſſé au Capitaine Martin , & écrit en Allemand, dont voici la traduction. Car quoiqu'elle par-lât dèslors aſſez bien Anglois & même qu'elle ſçût l'écrire, elle aima mieux ſe ſervir de ſa propre langue , pour pou-voir s'exprimer avec plus de liberté.

MONSIEUR,

  » QUAND je rencontrai votre ami pour
» la premiere fois, j'étois une pauvre
» créature , humble & ſans orgueil. Mais
» j'en ai vu & admiré trop en lui , pour
» ne pas en prendre un peu moi-même.
» Peut-être ne ſuis je partie tout-à-l'heu-
» re ſi bruſquement , qu'afin de pouvoir
» me flatter , en ſongeant que je l'ai plu-

» tôt quitté , que je n'en ai été aban-
» donnée. Extravagante que je suis! Pour-
» quoi parler ainsi ? Aurois-je pu con-
» cevoir quelque sorte de vanité en le
» quittant ? Oh ! non ; mon unique or-
» gueil à toujours été de l'aimer. Peut-
» être pourrez-vous attribuer mon ab-
» sence à l'impossibilité de supporter le
» moment de notre séparation ; vous
» n'avez peut-être pas tort. En effet, j'ai
» le cœur rempli de mon cher Stanley.
» Puisse sa femme mériter de lui être
» aussi chere qu'il me l'est à moi , &
» puissent-ils éprouver les mêmes senti-
» mens l'un pour l'autre. Mais en vérité,
» Monsieur , elle ne peut pas l'aimer
» plus que je ne fais.

» Je connois la situation de M. Stan-
» ley ; je sçais qu'il ne peut pas avoir
» beaucoup d'argent de reste..... Je n'ai
» besoin de rien..... Son bon cœur ne
» m'a jamais laissée au dépourvu, & je
» n'ai jamais dépensé ce qu'il m'a donné.
» Je vous le répéte encore ; je n'ai be-
» soin de rien ; & je ne sçaurois me ré-
» soudre à lui être à charge sans nécessité.
» Je prendrai la liberté de vous envoyer
» chercher , & de confier à vos soins ce

» qu'il plaira à Dieu de me donner. Adieu,
» puisse-t-il être toujours aussi heureux,
» qu'une femme passionnée peut le sou-
» haiter à l'idole de son cœur.

» P. S. Assurez Monsieur Stanley que
» je n'ai besoin de rien du tout pour le
» présent, & que ma propre industrie
» suffit pour m'entretenir par la suite.
» Mais qu'il soit bien convaincu que ma
» conduite à l'avenir ne sera jamais in-
» digne d'une femme qui a mérité son
» estime, quoiqu'elle n'ait pas été assez
» heureuse pour gagner son cœur. »

La servante qui apporta la lettre, dit
que sa maitresse, en lui payant ses gages
ce matin, étoit sortie dans un Carrosse
de place, & avoit emporté tous ses effets;
qu'elle avoit payé pareillement le loyer
de son appartement; mais que ni elle,
ni la femme de la maison ne sçavoient
où elle avoit fait porter ses hardes ni où
elle étoit allée actuellement : que sa maitresse l'avoit emmenée avec elle, sans
lui dire un seul mot, jusqu'à ce qu'après
avoir détourné beaucoup de rues, elle
avoit pris un Carrosse, & lui avoit donné
cette lettre ; mais n'avoit dit au cocher
où il devoit la mener, qu'après l'avoir
vue, hors de portée de pouvoir l'entendre.

CHAPITRE XII.

*Les amis qui deviennent une fois rivaux,
ne peuvent plus jamais redevenir de vrais
amis.*

JAMAIS Marianne n'avoit voulu confentir à recevoir de Stanley plus d'argent qu'il ne lui en falloit jufte pour fon entretien ; elle le refufoit même, lorfqu'elle s'appercevoit que fes fonds étoient bas.

Nous avons dit ci - devant que, dans fa jeuneffe, elle avoit appris à travailler ; ainfi dans ces occafions, elle tiroit avantage des foins de fon bon oncle : elle portoit quelque ouvrage à une marchande de modes fort accréditée & judicieufe, qui étoit fi charmée de fon travail, qu'elle étoit toujours difpofée à acheter tout ce que Marianne pouvoit lui porter ; ce qui avoit lié entre elles une certaine confiance.

La Marchande avoit voulu perfuader à Marianne de quitter Stanley, en difant

qu'une fille qui travailloit si bien, n'a-
voit aucun besoin de continuer une pareille vie. La petite Allemande l'assuroit que l'appât du gain n'étoit pas le
motif qui l'animoit, mais qu'elle étoit
trop attachée à son amant pour l'abandonner.

Cette femme se moquoit de sa sincérité, & supposant que Stanley étoit
comme tant d'autres, assez bas pour
laisser le malheureux objet de ses plaisirs livré à la honte & à la misere,
elle assuroit Marianne qu'elle se repen-
tiroit de son attachement, & qu'il la
laisseroit au premier jour. George ne
s'étant pas trouvé si serré depuis quelque
tems, elle avoit discontinué de voir la
Marchande. Pour le présent, elle chercha
à renouveller connoissance avec elle, &
étoit allée la voir ce matin. Cette femme
ayant toujours trouvé dans les façons de
Marianne, quelque chose qui annonçoit
qu'elle étoit plus à plaindre qu'à blâmer,
fut bien aise de la revoir, & d'apprendre
que ses liaisons alloient finir. Elle lui
procura un logement chez une petite
famille décente à un village voisin.
Martin qui, à la priere de son ami,

avoit pris beaucoup de peine pour découvrir fa retraite, eut le bonheur de la dé-
terrer dans ce village. Elle le pria de ne
point lui amener Stanley ; car, dit-elle,
j'ai maintenant l'ame dans une affiette
tranquille. Peut-être une autre entrevue
feroit-elle capable d'ébranler ma réfolution ; je ferois alors malheureufe pour
toujours. Elle pria Martin même de ne
point lui faire des vifites trop fréquentes.
Stanley confentit bien à ne pas aller la
voir ; mais il infifta à lui faire prendre
l'argent qu'il lui envoya par Martin, &
après des inftances, elle accepta cinquante
piéces ; cette fomme, difoit-elle, jointe
à fon induftrie, fuffifoit pour la mettre
en état de gagner de quoi vivre.

Un jour que Martin y étoit, la vieille
Marchande y vint auffi. A la premiere
vue d'un jeune Officier, la bonne femme
commença à fe troubler ; mais tout fut
bien-tôt éclairci, & elle conçut une affez
bonne oppinion de Martin. Elle fe joignit
avec lui pour perfuader à Marianne d'accepter les cent vingt piéces reftantes ;
car George avoit confacré à cela tout le
produit de fon obligation de deux cents
livres fterling : & lorfqu'elle vit cette

fille butée à ne pas les prendre, la Marchande se découvrit elle-même à Martin. Monsieur, lui dit-elle, je suis chargée de bien plus grosses sommes que celle-là. Je la prendrai, moi, pour cette pauvre fille; & quand nous serons de retour à la Ville, je vous donnerai une reconnoissance valable de cette somme que vous me confierez pour son usage: avec cette somme & mes soins, elle peu faire très-bien. Martin fut à l'instant convaincu de la droiture des intentions de la Marchande, & consentit à sa proposition.

La Marchande fut fidelle à sa promesse, & eut tous les soins possibles de Marianne; jusques-là qu'elle lui conseilla de ne plus recevoir de visites du Capitaine; à qui elle dit qu'il pourroit venir tant qu'il voudroit chez elle pour en apprendre des nouvelles: mais elle insista si fort à ce qu'il n'allât plus à la campagne, que le Capitaine acquiesça à ses conseils.

Les choses allerent ainsi pendant quelques semaines. Le Lord Belfont suivoit ses projets auprès de Scrape, & tâchoit par tous les moyens qui étoient en son pouvoir de réconcilier Lady Filmore avec lui, en quoi il n'avança pas beaucoup. M. Lloïd continuoit toujours à visiter Léonore, qui, un ou deux jours après son accord avec Milady, fit un coup de résolution pour se débarrasser de lui. Elle lui déclara nettement que son cœur ne pouvoit être à lui, & le pria de cesser ses poursuites, & de le faire d'une maniere à ne pas l'exposer au ressentiment de sa grand'mere. Lloïd fut frappé comme d'un coup de foudre ; mais comme c'étoit réellement un homme d'honneur, il ne vouloit pas se prévaloir de l'autorité d'une mere pour forcer une Demoiselle..... Il résolut donc d'abandonner ses prétentions ; mais il ne put le faire sans que sa mere remarquât en lui quelque embarras ; & en l'examinant de plus près, elle découvrit toute l'affaire. Dans sa fureur, elle le dit à Lady Filmore, & la pauvre Léonore fut encore menacée d'être renvoyée chez Scrape. Pour l'éviter, elle promit de se contraindre, de recevoir les assiduités de M. Lloïd, & de ne plus le brusquer. Ses visites devinrent plus fréquentes que jamais, & Léonore n'osoit pas le traiter autrement qu'avec beaucoup de politeſſe, par la crainte que lui inſpiroit ſa grand'. mere.

A la fin cependant, elle ſe laſſa encore de Lloïd, & imagina un moyen pour l'obliger à la laiſſer tranquille. Au lieu de prendre un air ſérieux, & de faire voir qu'elle ne ſe plaiſoit point en ſa compagnie, elle affecta de paroître contente & gaie, tant qu'il s'en tint à parler de promenades, de comédies, de bals & de parures. Mais s'il paſſoit ces bornes & qu'il parlât de ſa paſſion, alors elle prenoit ſoudain un ſérieux de glace, qui ne manquoit pas d'impoſer ſilence à ce pauvre garçon ; & quand elle avoit envie de s'en débarraſſer, elle l'honoroit de quelque petite commiſſion. Une circonſtance heureuſe pour elle, c'eſt qu'il n'avoit jamais entendu parler de Stanley, de ſorte qu'il croyoit n'avoir point d'autre rival que le Lord Belfont. Quoiqu'il n'eût jamais pu obtenir de Léonore le moindre mot favorable à ſa paſſion, du moins il avoit la conſolation de l'avoir quelque-fois entendu proteſter qu'elle n'avoit aucun penchant pour ce Lord. Il n'en avoit jamais

obtenu

obtenu cet aveu , que bien - tôt après elle n'eût infifté à ce qu'il la laiffât auffi tranquille. Elle l'amena enfin au point de confentir à ne jamais parler de fon amour : mais en revanche , elle lui permettoit généreufement de l'entretenir fur toute autre chofe. Il regardoit bien cela comme un caprice ; car il fçavoit que les femmes en doivent avoir : pour les meres , tout cela leur paroiffoit être dans les règles. Madame Lloïd avoit peu d'efpoir fur le confentement de Scrape ; cependant cet homme étant vieux , elle ne vouloit pas rompre l'affaire. Pour Lady Filmore , on fçait quelle étoit fon opinion , auffi-bien que les intentions de Stanley , celles de Léonore , & les prétentions du Lord Belfont.

Peut-être quelques Lecteurs penferont-ils que Léonore fe conduifoit un peu coquettement avec M. Lloïd : mais fi on confidere combien elle étoit attentive à ne pas lui donner la moindre lueur d'encouragement , & avec quelle franchife elle en avoit agi d'abord avec lui, on ne pourra s'empêcher de donner des éloges à fon ingénuité , pour fe

II. Partie. F

défaire des importunités d'un homme qu'elle n'aimoit pas, & de louer sa constance envers celui qu'elle aimoit, plutôt que de l'accuser de duplicité.

A l'égard de Stanley & du Lord Belfont, leur ami commun Martin se servoit de Lloïd comme d'un verre, à travers lequel ils retrouvoient l'avantage de se voir l'un l'autre sous un juste point de vue : car il leur montroit qu'il étoit fort possible que Lloïd les écartât tous les deux. A la vérité, il ne pouvoit pas les rendre amis comme auparavant; mais ils ne s'évitoient jamais l'un l'autre. Quand ils se rencontroient, c'étoit avec assez de politesse, & en arriere, ils se rendoient réciproquement justice sur leurs qualités.

Martin ayant amené les choses à ce point, travailla fortement à gagner le reste. Il fit voir à Stanley le peu d'apparence qu'il avoit de réussir, que la Démoiselle ayant agréé la main de Lloïd, (car tout le monde le pensoit,) le Lord Belfont ne pouvoit regarder sa persévérance que comme une envie de lui résister en face. Sa sœur se joignit au Capitaine; mais tous leurs raisonnemens ne servoient qu'à lui donner de l'inquiétude ; car il ne pouvoit abſolument renoncer à ſa paſſion. Actuellement qu'il en étoit venu à reconnoître le mérite du Lord Belfont, il étoit déſeſpéré de ſe trouver ſon rival. Milord n'étoit pas moins ſenſible aux qualités de George ; il le croyoit fort avant dans les bonnes graces de la Demoiſelle, & ne pouvoit le blâmer de ne pas lui céder. Stanley voyoit dans de certains tems Léonore en public, & croyoit lire dans ſes yeux qu'elle ne l'avoit pas abandonné, & qu'elle ne le feroit pas. Un de ſes domeſtiques ayant paſſé au ſervice de Lady Filmore, il ſçavoit communément, par ſon moyen, les parties de plaiſir dont elle devoit être ; mais il avoit ſouvent la mortification d'y voir toujours Lloïd auprès d'elle ; & il lui ſembloit auſſi découvrir ſur le viſage de Léonore, un peu d'embarras de ce qu'il appercevoit ſes civilités pour Lloïd. Mais c'étoit peut-être une viſion d'amant ; peut-être auſſi n'étoit-elle pas en effet ſans inquiétude à cet égard ; car quoiqu'elle n'eût jamais dit un ſeul mot à Stanley qui la liât même en conſcience, ni ſur lequel Stan-

ley pût fonder la moindre prétention ,
elle se feroit pourtant reproché comme
la plus grande injustice , d'admettre
quelque autre dans son cœur. Assurément
Léonore & les trois Prétendans étoient
singulierement traités. Belfont avoit le
consentement du grand-pere ; mais Léonore n'étoit pas en sa puissance. Lloïd
avoit le consentement de la grand'mere;
mais elle ne pouvoit disposer de la fortune , & sans cela, Madame Lloïd ne
consentiroit jamais. Léonore ne vouloit
jamais, sans le consentement de toutes les
parties , donner sa main à aucun homme..... qu'elle n'aimoit pas. A l'égard
de Stanley , il n'avoit pour lui ni grand-
pere , ni grand'mere ; la fortune n'étoit
pas non plus en son pouvoir ; mais il
avoit dans le cœur de Léonore un avocat
plus persuasif que les avis de tous les
grands - peres & les grand' - meres du
monde , & qui avoit plus de poids que
les fortunes de tous les avares de Londres.

CHAPITRE XIII.

Il est bien étrange qu'on prenne plaisir à voir les choses qui donnent du chagrin.

MARIANNE étant accouchée d'un beau garçon, la Marchande de modes, son amie, le prit en nourrice ; & prit ensuite la mere dans sa maison, jusqu'à ce qu'elle pût s'établir avantageusement quelque autre part. Comme elle se connoissoit fort bien en dentelles & autres marchandises de son commerce, la bonne femme lui procura les moyens de placer à profit l'argent que Stanley lui avoit donné. Mistress Mechelin fut très-charmée de voir que Stanley ne venoit jamais lui rendre aucune visite, & qu'elle se conduisoit en tout, de façon à mériter les amitiés qu'elle lui faisoit. Marianne avoit raconté à Mistress Mechelin toute son histoire, excepté l'attachement particulier, qui avoit engagé Stanley à la quitter. Il avoit été surpris lui-même, en le disant à Marianne, par

F iij

la fingularité de fa conduite, la derniere fois qu'il l'avoit vûe, & auffi - tôt après le lui avoir dit, il s'en étoit repenti : car la délicateffe de fon amour fembloit l'accufer d'avoir ufé trop librement du nom de Léonore : mais il lui avoit demandé le fecret, & elle l'avoit gardé fi religieufement, qu'elle n'avoit même jamais prononcé fon nom devant Miftreff Mechelin : quoiqu'elle n'en parlât à qui que ce fût, fa curiofité n'en étoit pas moins vive & aiguifée pour cela, & elle avoit un defir inexprimable de voir la femme qui avoit eu tant de pouvoir fur fon cœur, qu'elle - même n'avoit pas été capable de fubjuguer. Pour cet effet, elle chercha à découvrir quelle étoit la Marchande de modes de Lady Filmore, & trouva bien-tôt que cette Dame fe fourniffoit chez Miftreff Frankly, qui précifément venoit de renvoyer fa premiere fille de boutique. Marianne ayant appris cette circonftance, pria Miftreff Mechelin de lui fervir de répondante pour la faire entrer dans cette place.

Elle fut donc reçue chez Miftreff Frankly, & fort peu de tems après,

Lady Filmore & fa petite-fille y vinrent faire quelques emplettes. La pauvre Marianne n'entendit pas plutôt prononcer le nom de cette Dame, que fon trouble fut affez expreffif pour quiconque y auroit fait attention ; mais les autres filles étoient toutes fi occupées autour de la Dame & de la jeune Demoifelle, lorfqu'elles vinrent la premiere fois à la boutique, que Marianne eut tout le tems néceffaire pour fe remettre : alors elle fe montra fingulierement officieufe, & fit tout fon poffible pour plaire aux Dames, en quoi elle eut le bonheur de réuffir, auffi bien que pour la façon des petites chofes qu'elles commanderent ; de forte que de toutes les filles de la boutique, c'étoit toujours elle qui fervoit Milady & la belle Léonore. Jamais elle ne voyoit cette jeune Dame, que cela ne la rendît rêveufe & mélancolique ; cependant elle ne perdoit jamais une occafion de la voir. Stanley lui revenoit toujours dans la mémoire ; elle defiroit qu'ils fuffent heureux l'un avec l'autre ; cependant il n'y avoit aucun de ces defirs qui ne lui arrachât un foupir. George ne penfoit pas souvent à elle ; & quand cela lui arrivoit, c'étoit avec satisfaction, dans l'idée qu'il s'en étoit séparé d'une maniere honnête & décente. Sourgrape continuoit toujours de le visiter , faisoit semblant d'être outré de colere , & juroit beaucoup contre le procédé de cet Arabe de Blueball, d'avoir exigé sur les deux cents livres un intérêt si exorbitant. Il protestoit qu'il ne l'auroit pas souffert, s'il eût été présent ; mais s'il eût été véritablement disposé à ne pas le souffrir, cela ne lui eût pas été bien difficile ; car dans le fait , il étoit associé avec Blueball , quoique cela ne parût pas au dehors.

Monsieur Stanley voyant George toujours buté à poursuivre une passion dont il avoit voulu le dissuader , avoit été depuis peu moins libéral envers son fils, & avoit racourci ses menus plaisirs , qui étoient fixés à cent livres sterling. Or quoique George ne dépensât plus rien avec les femmes , & même qu'il ne bût plus, il vivoit dans un quartier si cher..... Il ne prenoit garde à rien ; & l'argent lui fondoit dans les doigts, sans qu'il sçût comment. A la vérité, il y avoit bien des chofes dont il auroit bien pu fe rendre compte à lui-même : car il alloit par fois roder chez des Marchands de bijoux ; & voyant tantôt une jolie chofe & tantôt une autre, il ne pouvoit s'empêcher de la fouhaiter pour Léonore ; enfin il arrivoit fouvent que fans fonger à l'état de fes finances, il l'achetoit ; au moyen de quoi, il n'y a point de ces petits maîtres de campagne, qui font confifter leur galanterie à s'approprier tous les rubans, jarretieres, mouchoirs, tabatieres, pelotons, boites-à-mouches, dès, couteaux & cifeaux qu'une jeune fille de Province laiffe négligemment traîner, qui fût mieux fourni de colifichets de femmes que ne l'étoit George Stanley. Mais rencontrant un jour le Lord Belfont, & voyant de nouvelles livrées à fes gens, il alla fur le champ commander un habit fort élégant pour lui, & une livrée fuperbe pour fon unique valet. Jufques-là George avoit montré trop de jugement pour fuppofer qu'il voulût le difputer au Lord Belfont pour la figure & le train ; mais la vue de fon rival l'enflamma, & fur le champ il donna des ordres à fon tailleur. Ce-

F v

pendant les habits n'étoient pas encore achevés , qu'il rougit de lui-même , & eut honte de les avoir commandés, & pour le moins autant du motif qui l'y avoit engagé. A la vérité, il résolut de ne jamais les porter ; cependant il ne sçavoit comment proposer au tailleur de les reprendre. C'est pourquoi il alla trouver un fripier de la rue de Montmouth , qui s'en chargea pour un cinquième de leur valeur, c'est-à-dire , pour un dixième de ce que son tailleur les lui faisoit payer. Quoiqu'il sentît toute l'étendue de sa folie, cela ne l'empêcha pas de tomber bientôt dans une autre ; car apprenant que Lloïd son rival , qui montoit très-bien à cheval , alloit communément faire un tour à *Hyde-Park* , & que de tems en tems , Lady Filmore menoit Léonore promener un tour au Parc , précisément dans les momens où Lloïd avoit coutume d'aller faire parade de son adresse, la vanité de le disputer à son rival, dans le point même où ce rival excelloit le plus , le porta à acheter un couple de beaux chevaux. L'argent lui manquoit : Sourgrape eut encore le chagrin de ne pas se trouver en état de lui en prêter ;

mais il lui promit d'engager ce coquin de Blueball à lui avancer cent livres à un intérêt plus raisonnable ; George le remercia beaucoup, & conclut le marché des chevaux pour lui & son domestique.

Blueball, à ce qu'il parut, avoit juste trois cents livres à placer ni plus ni moins; il ne vouloit pas morceler cette somme. George ne sçavoit que faire ; mais son ami & son conseil lui dit : Eh ! bien, vous voilà bien embarrassé, prenez la somme, & payez les deux cents livres que vous lui devez : il n'y a bien-tôt plus qu'un mois à attendre jusqu'à l'échéance ; parbleu ! voyez-vous, je serai en argent dans huit ou quinze jours d'ici, & vous n'aurez plus rien à démêler avec ce drôle-là. George ne sçavoit comment lui marquer sa reconnoissance. Sourgrape promit de l'accompagner le lendemain matin, & d'empêcher qu'on ne l'affrontât. Au diable soit l'usurier, dit-il ! je sçais comment il faut s'y prendre avec ces drôles-là : oui, oui, je le sçais. Il ne sera pas dit qu'ils en imposent à un si digne garçon ; non, parbleu ! ils n'en feront rien.

Martin étoit souvent avec lui; mais à présent, il paſſoit plus de tems à raconter à Miſſ Stanley les conſeils qu'il donnoit à ſon frere, qu'il n'en employoit avec le frere à les lui donner; de ſorte qu'il ignoroit abſolument les dépenſes de George. Pour les habits, il ne les avoit jamais vus : à l'égard de cette collection de tablettes, de cizeaux, de couteaux, & autres colifichets ſemblables, quoique George en eût des tiroirs remplis, il n'en tiroit pas vanité au point de les faire voir à ſon ami.

CHAPITRE XIV.

L'amour est une excuse suffisante pour toutes
les folies & les extravagances.

IL arriva le lendemain une petite bagatelle qui déconcerta un peu notre
Héros : ce fut une visite qu'il reçut dans
son appartement , d'un de ces gens qui
sont rarement bien venus au Temple.
Les Messieurs qui y habitent ont sans
doute leur esprit toujours occupé de
raisonnemens, opinions, résolutions, ju-
gemens & déterminations graves, sçavantes, sages & sérieuses, que les grands
& sçavans Législateurs ont de siécles en
siécles, faites, composées, écrites, di-
rigées, compilées, & rassemblées, pour
l'utilité, l'avancement, l'érudition, l'in-
struction, la conduite & la direction de
ceux qui viendroient aprés eux. Il n'est
donc pas surprenant que des gens habi-
tués à converser avec des personnes aussi
solides que des Juges , détestent jusqu'à
la vue de cette engeance appellée Tail-

ieur , le Créateur d'une chose diamétra-
lement opposée à un grave Légiſlateur,
je veux dire , un petit-maître. Il eſt pourtant vrai que George eut ce matin la viſite d'un de ces transformateurs de figure
humaine. M. Jérémie Trim , allant voir
ſes amis dans la rue Montmouth , entra
par haſard chez le Fripier à qui Stanley
avoit vendu ſon bel habit. Cet homme
encore dans une ſorte d'extaſe, le fit voir
à Trim , & lui dit , que s'il pouvoit
placer cet habit à quelqu'une de ſes pratiques , il le lui donneroit pour un morceau de pain : Tenez, ajoûta-t-il , je n'ai
donné pour cela que cinq guinées & un
froc du matin. Trim penſa d'abord que
cet habit avoit été volé : mais apprenant
que c'étoit le propriétaire même qui l'a-
voit vendu , il s'en retourna droit au logis , & fit ſon mémoire. Il conclut que
Stanley n'avoit commandé ces habits que
pour les vendre & en tirer de l'argent ;
& en conſéquence il le jugea bien près
de ſes piéces. C'eſt pourquoi ne croyant
pas devoir faire beaucoup de façons , il
alla le trouver avec ſon mémoire , qui
montoit à près de quatre - vingts livres
ſterling. George ne fut pas trop con-

tent de le trouver si fort , & observa poliment qu'il n'y avoit pas six mois qu'il avoit acquitté son mémoire , & qu'ainsi..... Mais Jérémie tenoit pour maxime qu'un Gentilhomme n'est jamais si poli quand il a de l'argent ; & il en avoit une autre qu'il observa exactement, sçavoir, de n'être pas civil vis-à-vis de ceux qui n'ont point d'argent. En conséquence il traita Stanley un peu insolemment. Ce dernier se rappella que son ami Sourgrape devoit lui procurer trois cents livres ce matin même ; ainsi ne pouvant se voir insulté par un coquin de Tailleur, il le mit sur le champ à la porte , en lui disant de revenir le lendemain , qu'il le payeroit. Le drôle prit cela comme une défaite, & se sentit très-offensé de l'insulte : aussi protesta-t-il qu'il ne reviendroit pas sans être accompagné ; qu'il auroit un morceau de parchemin sçellé dans sa poche, & que s'il ne recevoit pas son argent, il se payeroit sur la personne.

A peine le Tailleur étoit-il sorti, que Stanley reçut le billet suivant.

» Je suis au désespoir, mon cher George,
» de ne pouvoir me rendre chez vous ce

» matin. Je crains que l'homme en
» queſtion ne ſoit un peu plus dur qu'il
» ne devroit. Je voudrois avoir de l'ar-
» gent, je vous le donnerois ; mais je ſuis
» fort ſerré moi-même. J'ai trois mille
» cinq cents livres à payer dans trois
» jours , & je n'ai pas encore cinq
» cents livres pour y faire face. Dans
» trois ſemaines, j'eſpere être en fonds ;
» alors vous n'en manquerez pas. » Je
» ſuis, &c. votre ami ,

SOURGRAPE.

P. S. » Ne vous laiſſez pas affronter ſi
» vous pouvez ; mais s'il le fait , à coup
» ſûr , ce ſera pour la derniere fois :
» vous le trouverez chez lui à onze
» heures. »

Stanley fut allarmé d'abord dans la
crainte que ſon entrevue avec Blueball
ne fut différée : mais voyant qu'il n'étoit
pas queſtion de cela , il fut plus tranquille & rempli de reconnoiſſance pour
les ſervices de Sourgrape.

Quand il alla chez Blueball il fut auſſitôt
ſalué d'un *bon jour, Monſieur* : eh bien ,
M. Sourgrape dit que vous avez encore
beſoin de moi ; il faut donc que nous autres vieilles gens ſoyons toujours prêts à

rendre service à vous autres jeunes fous ?
A la bonne heure ; mais quand votre affaire est faite, quel est celui d’entre vous
qui pense à nous ? Vous aviez promis de
me donner votre pratique ; mais bon !
pas un sol, pas le moindre petit article,
depuis ce tems-là….. Si Stanley avoit
promis réellement ou non, c’est ce que
je ne puis vous assurer ; mais il vit que
c’étoit une nécessité, & alloit marchan-
der quelques bagatelles, quand le vieillard l’arrêta….. Tenez, Monsieur, lui
dit-il, tandis que j’étois sorti, il est venu
ici le Capitaine….. (Mais il ne faut pas
nommer les personnes :) il m’a demandé
pour me prier de lui prêter deux cents
livres seulement ; & il a dit à mon garçon de lui mettre à part ce paquet de
marchandises ; il y en a pour soixante
livres : ce n’est pas pour ce que je gagne-
rai dessus, car elles valent davantage ;
mais cela fait voir qu’il est mon ami.
Or assurément si j’ai quelqu’un à obliger,
ce sont mes amis. Cependant comme
j’ai promis à Monsieur Sourgrape de vous
servir, c’est à vous à décider : si vous
prenez la pacotille, je ferai votre affaire;
sinon, le Capitaine aura l’argent. George

choqué de l'impudence & de la friponnerie de cet homme, étoit sur le point
de s'en aller fort en colere ; mais M.
Jérémie Trim lui revint dans l'esprit,
accompagné de quarante Connétables. Il
se mit pourtant en devoir de marchan-
der, & même nomma Sourgrape.....
Quant à Monsieur Sourgrape, dit l'autre,
c'est sûrement un fort honnête homme ;
mais au reste, je sçais mes affaires, & il
n'a rien à y voir. Il n'y avoit point à disputer ; George ordonna de marquer les
marchandises sur son compte & de dresser
son obligation : sur quoi l'autre, d'un air
tranquille & avec une gravité impudente,
lui étala vingt-quatre livres neuf schellings & six sols. George surpris au dernier point lui demanda ce que cela vouloit dire : & il lui répondit du plus
grand sang-froid ; Monsieur, je n'ai fait
que diminuer le montant du premier
billet de deux cents livres, voilà tout :
puis mettant ses lunettes & lisant un papier , cela joint à soixantes livres pour
les marchandises, quinze livres pour les
intérêts , & dix schellings & demi pour
l'obligation , fait 275 livres 10 schellings 6 deniers, reste dû sur trois cents

livres à M. George Stanley , Ecuyer ,
24 livres 6 fchellings 6 deniers : oui ,
Monfieur , je penfe que le compte eft
jufte. Parbleu ! vilain que vous êtes ,
dit l'autre , il n'eft pas encore dû. Monfieur , répondit l'ufurier , il ne s'en faut
que deux ou trois jours : il mentoit , il y
avoit encore trois femaines. George jura,
tempêta , & l'autre fembla prêt à rompre la négociation. Mais Stanley n'ofa
le prendre au mot ; car quoiqu'il fût sûr
que Sourgrape ne le laifferoit pas man-
quer d'argent , il ne fçavoit pourtant pas
quand il feroit de retour à la Ville ; &
la fituation où il fe trouvoit ne fouffroit
aucun délai ; car il s'étoit engagé de
payer les chevaux cet après-dîner ; & ce
qui étoit encore pire , il avoit toujours
dans la tête, Jérémie Trim avec tous fes
Alguazils ; car il ne doutoit pas que cet
honnête homme ne lui tînt parole.

A la fin , il fut convenu qu'il recevroit
fes trois cents livres net, & qu'il donneroit une nouvelle obligation pour le tout,
payable dans un mois ; pendant lequel
tems , il ne doutoit pas que Sourgrape ne
lui fournît la fomme , & il fut forcé de
s'obliger à payer l'intérêt d'un an pour

le tout ; car Blueball étoit dans l'usage de ne prendre jamais moins. L'usurier fit ensuite sa facture en régle pour les marchandises que Stanley étoit convenu d'acheter ; & elle monta juste à soixante-trois livres, qu'il déduisit ainsi que vingt-cinq livres pour l'intérêt ; enfin il lui paya gravement les deux cent douze livres, restant de la somme de trois cents livres sterling.

Quoique Sourgrape n'eût pas pu se trouver chez son ami Stanley, Blueball sçavoit bien où le trouver, & il étoit trop content du travail de sa matinée, pour ne pas l'aller joindre tout aussi-tôt. Quand ils se rencontrerent, ils rirent de toutes leurs forces de la folie du jeune homme. Mais son amour l'occupoit uniquement; l'usage du monde, le bon sens, la raison, tout cela lui étoit devenu inutile. Il alla de ce pas payer ses chevaux, puis retourna chez lui. Pendant tout le reste du jour, son imagination se berça de la satisfaction qu'il espéroit en luttant contre son rival.

CHAPITRE XV.

Il est surprenant combien un Usurier avide est déforienté, lorsque, contre son attente, il trouve son Débiteur en état d'acquitter sa dette.

PENDANT ce tems le Lord Belfont faisoit tout son possible pour rentrer en grace avec Lady Filmore ; mais il reculoit plutôt que d'avancer : car Léonore trouvoit si bien son compte à faire des politesses à Lloïd, que la vieille Dame en fut presque la dupe, & commençoit à se féliciter de sa conduite, & d'avoir pu, disoit-elle, remporter la victoire sur la premiere passion d'une fille.

Pour revenir au Temple, M. Jérémie Trim y vint le matin, comme il l'avoit promis, avec deux ou trois hommes à sa suite. Ces gens resterent cependant dehors, tandis qu'il entra seul, & fut tout stupefait à la vue de son argent. Il changea de ton alors. Monsieur, lui dit-il, sûrement votre honneur..... Stanley ne voulut pas le laisser continuer ; après en avoir exigé une quittance bien cimentée, il ordonna aussi-tôt à son domestique de le mettre à la porte. Ensuite notre Héros s'équipa pour aller à Hyde-Park, où il ne trouva ce jour là ni Lloïd, ni Léonore.

Il ne se passa plus un seul jour que Stanley ne parût à Hyde-Park. Il connoissoit de vue son rival, & quelquefois il eut le bonheur de voir le carrosse où étoit sa maitresse ; mais rarement l'appercevoit-il, si ne n'est de tems à autre, lorsqu'elle avançoit sa tête en dehors pour parler à ce rival. C'étoit le seul moyen que sa mauvaise étoile pût prendre pour lui faire penser qu'il payoit bien cher la vue de sa Léonore. Comme Stanley étoit d'une figure agréable, & extrêmement bien monté, Lloïd qui étoit très-bon juge en fait de chevaux, demanda tout naturellement le nom du Gentilhomme qui montoit une si belle bête. George avoit frequenté trop souvent ce quartier de la Ville pour n'être pas connu de quantité de gens ; & on se ressouvenoit que c'étoit un ami intime du Lord Belfont. Lloïd en entendit parler fous cette qualité ; ce qui diminua beaucoup la beauté du cheval qu'il montoit : il dit que ce cheval ne portoit pas bien fa tête, mais, qu'à la vérité ce pouvoit bien être la faute du Cavalier ; qu'on ne pouvoit pas difconvenir que le valet montoit bien mieux que le maître. Lloïd n'étoit pas mal monté ; & comme ils venoient tous les deux affez conftamment au Park , il leur arrivoit de tems en tems, de faire un tour ou deux de fuite avec des connoiffances communes, alors on remarquoit qu'ils n'étoient jamais du même avis.

Stanley fe fourra dans la tête que Lloïd ne fe connoiffoit en rien qu'en chevaux ; c'eft pourquoi George ne parloit que de chevaux. C'étoit la feule matiere fur laquelle Lloïd pouvoit faire tête à Stanley ; & en cela il avoit certainement plus de connoiffances que lui , quoique l'autre le contredifoit fort fouvent : ce qui piquoit Lloïd, c'eft que , quoiqu'il eût communément la raifon de fon côté , Stanley ne paroiffoit jamais avoir tort ; & le pauvre Lloïd ne pouvoit pas faire connoître qu'il avoit raifon. Cette cir-

conftance jointe à ce qu'il étoit ami du
Lord Belfont, (car il l'envifageoit principalement fous ce point de vue,) faifoit
que le Gallois ne goûtoit point du tout
notre Héros.

Or, quoique Lloïd n'eût pas vu beaucoup de chofes, ni acquis des connoiffances bien vaftes, & qu'ainfi il pouvoit
quelquefois faire à contre-tems ce qu'il
devoit faire, il avoit cependant la mo-
deftie qui accompagne fouvent un entendement fimple & bon ; cela l'empêchoit
toujours de faire ce qu'il ne devoit pas.
De forte que, quoiqu'il n'eût pas été fâché de trouver une occafion favorable
pour parler durement à un homme qu'il
croyoit l'ami du cœur de Belfont, il ne
voulut jamais cependant faire naître cette
occafion, tandis que Stanley, qui fçavoit
que c'étoit fon rival actuel, faifoit ce
qu'il pouvoit pour le poufler à bout,
fans pourtant lui dire trop ouvertement
des injures.

Un jour en revenant d'une de fes promenades à Hyde-Park, il remarqua en
paflant devant la boutique de Blueball,
un homme qui en fortoit, couvert d'un
vieux Surtout rouge, boutonné ; en le

confidérant

considérant de plus près, il apperçut qu'il n'avoit point de veste ni de chemise par dessous ; son air annonçoit encore infiniment plus de misere que son habillement. Stanley, dont le cœur n'étoit jamais insensible aux malheurs des autres, cherchoit dans sa tête, comment il pourroit soulager sa misere apparente. Car quoique visiblement dans la détresse, cet homme portoit sur son air quelque chose qui attiroit le respect , & empêchoit de lui demander brusquement la cause de ses malheurs, & même d'offrir d'y remédier. Tandis que Stanley étoit à imaginer comment l'aborder , trois Baillifs tomberent sur le corps de ce pauvre misérable , qui se soumit à son sort sans dire un seul mot ; mais un gémissement profond annonça la douleur intérieure de son ame.

Stanley ayant pris son parti, les suivit à une petite maison de mauvaise apparence dans une rue étroite ; & s'étant informé au maître, qui étoit un Baillif, de la cause de cet emprisonnement & du nom du prisonnier ; ce garçon que Stanley parvint à faire jaser avec une demi-couronne , lui dit que ce Gentilhomme étoit M. Aprice, fils unique du Sir Cadwallader Aprice, qui avoit un fort joli bien dans le pays de Galles ; que ce fils ayant épousé la fille d'un pauvre Ecclésiastique, Sir Cadwallader n'avoit pas voulu le voir, & l'avoit mis à la porte lui & sa femme ; qu'ils étoient venus à Londres depuis environ sept mois, & qu'il étoit alors arrêté pour une somme de trente-sept livres sterling. Ce récit perça le cœur de Stanley ; il dit au Baillif qu'il n'avoit pas tout-à-fait cette somme dans sa poche, mais qu'il alloit courir chez lui, & qu'il apporteroit l'argent nécessaire pour mettre cet honnête homme en liberté.

Dans son absence, le Baillif avoit raconté au prisonnier tout ce qui s'étoit passé, de sorte qu'à son retour, Monsieur Aprice tout surpris, & un peu confus, le reçut comme son ange gardien.

Stanley avoit payé la dette, & ils alloient sortir ensemble, lorsque le Baillif demanda son dû, & les frais de capture. Stanley le paya, & ne s'attendoit à essuyer aucun délai ; mais le Sergent arriva tout à point, & étant averti par un de ses gens, dit aussi-tôt : Messieurs, je fuis bien fâché ; Monfieur Aprice ne peut sûrement pas fortir d'ici, à moins que Monfieur que voilà ne foit affez généreux pour acquitter une autre Ordonnance de vingt-cinq livres, dont je fuis porteur. Le prifonnier changea de couleur & ne put rien répondre. Stanley étoit irrité ; à la vérité, il avoit apporté quelques piéces de plus : après ce qu'il avoit vu, il fuppofoit que ce pauvre homme auroit befoin fur le champ de quelque bagatelle ; mais pour vingt-cinq livres de plus, il ne les avoit pas. Cependant après avoir été fi loin, il ne voulut pas refter en chemin, & répondit : Je ne les ai en vérité pas fur moi ; je les apporterai dans une heure d'ici. Le pauvre malheureux ne pouvoit pas trouver d'expreffions pour exprimer fa reconnoiffance ; cependant il refufa abfolument l'offre de Monfieur Stanley. Monfieur, dit-il, ce coquin a deffein d'abufer de votre bonté, & de vous attirer par degrés ; mais à Dieu ne plaife que je me rende fon complice : car, Monfieur, je dois beaucoup d'argent, & je fuppofe qu'il y a des prifes de corps obtenues contre moi par tous mes créanciers. Tout ce dont je vous conjure , mon cher Monſieur, c'eſt de prendre cette petite bagatelle que j'ai tirée aujourd'hui de la derniere choſe qui me reſtoit à vendre ; & de la porter à la malheureuſe compagne de mon cœur & de ma miſere. Examen fait, la choſe étoit telle que M. Aprice l'avoit ſuppoſée. Il y avoit pluſieurs ſentences contre ce malheureux , qui montoient en tout à une ſomme de cent cinquante livres : ſomme bien plus forte que ce que Stanley poſſédoit.

Il promit , & c'étoit tout ce qu'il pouvoit faire , de le ſervir de ſon mieux ; en attendant, il prit l'adreſſe de Madame Aprice. A l'égard de la petite ſomme d'argent que ce malheureux priſonnier avoit deſtinée pour elle, il le pria de s'en ſervir pour lui-même , & lui demanda la permiſſion de donner quelques ſecours à ſa famille.

Bon Dieu ! quel ſerrement de cœur n'éprouva-t-il pas , quand il vit cette famille ! une petite chambre ſans aucun lit , & dans un coin deux petits enfans enveloppés dans une mauvaiſe couverture & au fort de la petite vérole ; leur miſérable mere qui les ſoignoit , plus d'à moitié morte de faim , & cependant conſervant encore ſur ſon viſage quelques reſtes de beauté. Stanley fut touché au-de-là de toute expreſſion ; mais ni par ce qu'il leur donna , ni par le meſſage dont il s'acquitta , comme de la part de M. Aprice, la pauvre femme n'eut aucun ſoupçon de l'infortune de ſon mari : Stanley n'avoit pas envie qu'elle en eût jamais : car cette vue le guérit ſans retour de toutes ſes folies & de ſa vanité, qui, à l'inſtant , firent place dans ſon cœur à l'humanité. Il réſolut ſur le champ de vendre ſes chevaux & quelques meubles , qui , avec l'argent qu'il avoit déja , ſuffirent pour tirer d'affaire ce malheureux Gentilhomme ; il mit ce projet à exécution dès le lendemain matin.

On dit communément qu'un malheur arrive rarement ſeul : on peut en dire autant des événemens heureux , il en vient ſouvent pluſieurs de ſuite, qui naiſſent les uns des autres. L'empriſonnement de M. Aprice ſe divulgua , & parvint aux oreilles d'un parent éloigné , quoique Stanley,par humanité,en eût fait

myſtère même à ſa femme , & ce parent étant venu voir ſon miſérable logement , & le trouvant dans une ſi grande
miſere , fut touché de compaſſion , &
l'amena lui & toute ſa famille dans ſa
propre maiſon , à quelque diſtance de
Londres.

Stanley cacha opiniâtrément ſon nom :
tout ce qu'Aprice put en obtenir , fut
que George promit de ſe faire connoître
auſſi-tôt qu'il auroit appris qu'il ne ſeroit plus dans la diſgrace d'un pere en-
durci. Ainſi ils ſe ſéparerent , Monſieur
Aprice & ſa femme pour aller à la campagne , attendre patiemment des tems
plus favorables ; & Stanley pour continuer à pourſuivre l'amour qu'il avoit
juré à la belle Léonore ; en quoi il n'é-
toit pas peu embarraſſé, car il ſe trouvoit
tout-à-fait ſans argent.

Lloïd & lui avoient à preſent diſputé
tant de fois enſemble , qu'ils ſe con-
noiſſoient très-bien l'un l'autre ; ils ne
ſe rencontroient preſque plus ſans ſe ſa-
luer , & même ſans ſe joindre.

Un jour que Léonore étoit allée au
Parc à la promenade , avec Madame
Lloïd & ſon fils, Stanley les rencontra.

Comme il étoit tout-à-fait inconnu à Madame Lloïd, il lui vint à l'inftant dans l'efprit de faire fervir fon rival d'inftrument à ce plaifir délicieux qu'un amant éprouve à fe promener avec fa maitreffe, quand même il ne pourroit pas lui dire un mot. Il falua M. Lloïd avec l'aifance la plus parfaite, & fe joignit avec lui & les deux Dames. Lloïd le fçachant ami de Belfont, n'étoit point du tout content de l'aventure ; mais il ne fçavoit comment faire, d'autant plus encore que Stanley, en dépit de lui, s'avifa de fe placer auprès de Léonore. Madame Lloïd n'avoit pas pris garde à cela d'abord, s'imaginant que c'étoit un ami intime de fon fils, & une perfonne de la connoiffance de Léonore. Mais ayant tourné fes regards fur la jeune Demoifelle, elle la vit fi troublée qu'elle ne fçavoit qu'elle contenance tenir ; elle vit auffi fon fils fort ému, & il lui parut de même que l'étranger n'étoit pas fi tranquille qu'il affectoit de l'être. Elle les regardoit tour-à-tour, & étant au bout du Mail, elle jugea qu'il n'étoit pas néceffaire de retourner : heureufement pour Léonore ; car elle ne pou-

G iv

voit presque plus se soutenir. Il ne fut pas dit un seul mot, jusqu'à ce qu'ils arriverent à la porte de Storey ; alors une foule de gens qui s'y rencontra, fournit à Stanley l'occasion de lui dire : Pardonnez-moi , belle Léonore, souffrez que je vous écrive une lettre..... Vous le devez ; il le faut..... La foule s'étant écartée pour leur laisser passage, il conduisit Léonore jusqu'à son Carrosse. Lloïd suivit dans une grande perplexité ; il découvrit quelque chose d'extraordinaire dans la conduite de Stanley , & résol de sçavoir ce que c'étoit : mais pour le moment, il accompagna les Dames.

Léonore eut grand besoin du flacon de Madame Lloïd pour l'empêcher de s'évanouir : cette Dame ne voulut pas lui faire de questions, & son fils ne l'osa pas : ainsi ils avancerent en silence, tandis que George alla faire un tour de Park seul , pas tout-à-fait si content qu'il l'étoit à la premiere idée de son aventure. Il vit qu'il avoit causé un peu d'inquiétude à sa maitresse , & peut-être même lui avoit déplu ; ce qui ne lui donnoit pas un médiocre chagrin.

Il avoit dit à sa maitresse qu'il lui écriroit & elle ne le lui avoit pas défendu, ce qu'il avoit pris pour un consentement ; en conséquence, il s'en retourna chez lui pour exécuter ce projet.

CHAPITRE XVI.

L'amour donneroit un courage de Lion à l'Agneau le plus doux.

TANDIS que Léonore s'en retournoit chez elle, son trouble l'avoit si fortement affectée que Lady Filmore en fut allarmée. Miss voulut se retirer dans son appartement, & Madame Lloïd se joignant à elle, dit qu'en effet Miss feroit bien de prendre un peu de repos, & prononça ces mots d'un ton singulier. Lady Filmore laissa aller sa petite-fille, & demanda à Madame Lloïd de quoi il étoit question. La Dame se tournant vers son fils, lui demanda comme s'appelloit la personne qui les avoit joints. Lloïd n'eut pas plutôt dit qu'il se nommoit Stanley, que Lady en sçut plus qu'elle ne vouloit en apprendre.

Madame Lloïd lui raconta le tout, non sans se plaindre un peu à cette Dame de ce qu'elle ne lui avoit point fait part de cette histoire. Lady Filmore fut un peu déconcertée : cependant les Dames arrangerent toutes chofes ; Madame Lloïd étoit d'avis que fon fils maltraitât cet homme quand il le rencontreroit ; mais Lady Filmore crut qu'il falloit mieux laiffer paffer la chofe ; & elle avertit fon amie, que Stanley s'étoit déja battu en duel avec un Colonel , & qu'il s'étoit toujours conduit avec beaucoup de courage.

Madame Lloïd changea de fentiment auffi-tôt. En effet , dit-elle, mon fils ne doit pas fe mefurer avec lui ; que le D..... l'emporte. Mais ne pourroit - on pas le faire enrôler de force ? Sur ce qu'on lui dit que c'étoit le fils d'un Citoyen fort riche , elle ne fçavoit quel parti prendre : mais à force de foins pour éloigner fon fils du danger , il ne s'en fallut guères qu'elle ne l'y précipitât. Lloïd qui étoit réellement un homme d'honneur & de courage , ne pouvant digérer qu'il y eût quelqu'un contre qui on ne le jugeât pas capable de fe battre , vouloit fur le champ fortir pour chercher Stanley : mais Lady Filmore l'engagea à refter , non par la crainte du danger auquel il s'expoferoit, mais

G vj

en lui perſuadant qu'il n'y avoit point de
raiſon de le faire, & le priant pour l'a-
mour de Léonore, de ne pas faire à
un homme de la naiſſance de Stanley,
l'honneur de le croire ſon rival : elle
cita l'exemple du Lord Belfont qui paſſoit dans l'eſprit de tout le monde pour
un homme d'honneur ; cependant, elle
l'aſſura que ce Lord, qui avoit bien plus
lieu de s'en plaindre, puiſqu'il l'avoit
honoré de ſon amitié, n'avoit pas cru
devoir ſe battre avec lui. Lloïd fut per-
ſuadé, & promit de l'éviter ; quoiqu'il
ne fût pas peu choqué qu'il eût eu la
hardieſſe de ſe promener avec Léonore,
même en ſa préſence.

Stanley ayant écrit ſa lettre, alla trouver Miſtreſſ Slim, pour la porter auſſi-
tôt, & lui en rapporter la réponſe, s'il
étoit poſſible : afin de l'engager à y
aller plus vîte, il avoit cherché dans
ſon tiroir une jolie tabatiere ; ce n'étoit
pas ſans regret qu'il s'en ſéparoit : car ne
les avoit-il pas achetées toutes pour Léonore, & ne lui étoient-elles pas conſa-
crées ? Mais il ſongea que Léonore étoit
au-deſſus de ces bagatelles, qui, dans le
fond, n'étoient pas dignes d'elle. Il pré-

ſenta donc à Miſtreſſ Slim la plus belle
de toutes. Le préſent lui donna des aîles;
elle courut de ce pas chez Lady Filmore,
& trouva tout le monde dans le trouble
& la confuſion. Léonore avoit été ſi
troublée, qu'elle avoit un peu de fiévre.
Sa grand'mere, qui l'aimoit ſincerement,
ne voulut point dans cette circonſtance
la gronder de l'aventure du matin ; elle
ſe contenta de dire qu'aſſurément c'é-
toit une hardieſſe bien mal aviſée à ce
jeune homme ; qu'elle ne croyoit point
que Léonore fût à blâmer du tout dans
cette affaire ; mais que la maniere dont
elle en avoit été affectée, ſembloit indiquer la force d'une paſſion qu'elle avoit
tout-à-fait éteinte.

Quand on a le cœur trop plein, il
faut qu'il ſe ſoulage quelque part ; ſi
on ne peut pas ſe décharger où la raiſon
dit qu'on peut ſûrement le faire, du
moins, on eſt porté à dépoſer ce fardeau-
là, où l'orgueil ſouffre moins à le faire
paroître. C'eſt pour cela ſans doute que
Lady Filmore aima mieux ouvrir ſon
cœur à cette femme, qui étoit bien éta-
blie, quoiqu'elle eût été ſa domeſtique,
que de ſe confier à ceux qui étoient aſ-

tuellement à son service ; elle jasa beaucoup avec elle , sans lui rien dire que
ce que nous sçavons déja ; ensuite elle
l'envoya causer une heure auprès de Miss
Filmore.

Cette femme s'excusa beaucoup, n'im-
porte comment , de son importunité,
& à la fin, lui présenta la lettre de George.
La jeune Demoiselle parut offensée , &
l'autre appréhenda fort qu'elle ne la dé-
couvrît : à la fin, Léonore prit la lettre,
non sans pousser de tems en tems un soupir ; elle en lut l'adresse, mais ne voulut
pas l'ouvrir, & la rendit à Mistress Slim,
qui alloit la décacheter pour elle , si
Léonore ne l'en eût empéché , en disant,
que si elle le faisoit , elle en avertiroit
assurément sa grand'maman. Cependant
Léonore s'informa beaucoup de son amie
Miss Stanley, & dit à Mistress Slim, que
si elle pouvoit compter sur elle , elle
écriroit quelques lignes à cette amie.
Mistress Slim qui , sçavante comme elle
l'étoit , applaudit à l'adresse d'une si
jeune personne , d'imaginer le mot de
Miss, pour cacher qu'elle écrivoit à son
amant , promit de la remettre fidéle-
ment & en mains propres ; sur cet assu-

rance, Miff Filmore fe mit auffi-tôt à table, & écrivit la lettre fuivante.

» Ma chere Fanny , ne croyez pas
» que je vous aye oubliée ; non, je vous
» aime & je vous aimerai toujours. Si
» j'avois fuivi vos confeils de bonne heu-
» re , je me ferois épargné bien de la
» peine, à moi & à d'autres , mais il
» n'eft plus tems. Croiriez - vous que
» votre frere , dont vous faites tant l'é-
» loge, fût capable de me faire tant de
» mal ? Ma grand'maman dit que *c'eft*
» *une hardieffe mal avifée*..... & elle a
» raifon, ma chere. Il vous dira ce que
» c'eft , lui-méme. Deux ou trois chofes
» pareilles fuffiroient pour me faire mou-
» rir. J'ai été fort mal tout le jour, &
» encore il m'écrit..... Ah ! Fanny , je
» vous avoue , (& s'il eft tel que vous
» le décrivez & que je l'ai cru, je puis
» l'avouer à lui-même ,) j'ai quelque
» regret de lui renvoyer fa lettre fans la
» lire ; mais , quelque peine que j'en
» reffente , j'efpere que je ferai toujours
» ce que mon devoir exige ; je lui ai
» dit que je ne recevrois point de lettres
» de lui ; mon exactitude à lui tenir
» parole, peut lui garantir que je n'ou-

» blierai pas le reste que je lui ai promis.
» Quoique je ne puisse pas l'oublier, je ne
» ferai jamais rien sans le consentement
» de ma grand'mere : peut-être que je
» songe à lui plus que je ne dois songer
» à aucun homme qui ne mérite toutes
» mes pensées. Si mes desirs & mes
» prieres ne font point d'effet sur lui ;
» sur ma parole, je changerai tout-à-fait
» de conduite. S'il m'écrit encore, je
» ferai voir sa lettre à ma grand'ma-
» man. J'espere pourtant qu'il ne me
» donnera point sujet de changer à son
» égard : qu'il ne voye point Lloïd ; ab-
» solument, il ne faut pas qu'il le voye.
» Si mes ordres ont quelque pouvoir sur
» lui, j'insiste sur ce point , & je vous
» prie de joindre vos prieres aux mien-
» nes. Il ne faut pas que vous me ré-
» criviez , ni même que je vous écrive
» davantage. Adieu, ma chere Fanny. »
Mistress Slim fit la plus grande diligence pour aller trouver Stanley ; & comme elle imaginoit que la lettre étoit réellement pour lui , elle la lui donna d'a-
bord. Stanley pensa la déchirer avec ses
levres , lorsque l'adresse lui frappa les
yeux , & qu'il y lut : A *Miss Fanny*

Stanley: Comment ! dit-il, c'eſt pour ma ſœur & non pour moi. Que vous êtes ſimple ! répondit la ſçavante Miſtreſſ Slim, & elle lui expliqua ſa penſée, que c'étoit une couverture. George ne voulant point violer le ſecret de Léonore, la porta vîte à ſa ſœur, qui la parcourut toute entiere & la lui donna à lire. Elle fut allarmée de quelques mots de cette lettre & demanda à George, *quelle hardieſſe il avoit donc commiſe?* George lui raconta tout le fait, elle ne l'approuva pas ; mais auſſi elle ne le gronda pas tant qu'elle auroit fait, ſi elle ne ſe fût pas attendu à quelque choſe de pis. A la vérité, il fut déſeſperé, quand il ſçut que ſa Léonore en avoit été malade. A l'égard de Lloïd, il promit de ne point le rencontrer, s'il étoit poſſible ; auſſi-bien n'y avoit-il pas d'apparence qu'il le rencontrât, maintenant qu'il avoit vendu ſes chevaux pour ſecourir M. Aprice, ce qui du moins empêcheroit qu'il ne le vît à Hyde-Park.

Léonore étoit actuellement aſſez bien remiſe, & ſa grand'maman lui parloit un peu plus clairement. Lloïd commençoit auſſi à parler de ſa paſſion, malgré la défense qu'elle lui avoit faite ; auſſi ſouvent elle le laiſſoit ſeul , malgré les ordres de ſa grand'maman , & celle-cy l'en grondoit à chaque fois. Les jeunes filles ont bonne mémoire , Léonore ſe rappella un mot de Lady Filmore: Madame , lui diſoit-elle , voyant que ſes larmes & ſes prieres ne ſervoient à rien, ne diſiez-vous pas au Lord Belfont, qu'il étoit de votre devoir de me délivrer des viſites qui ne me ſont pas agréables? Pourquoi voulez - vous aujourd'hui me forcer à en recevoir ? Cet argument ſervit deux ou trois fois comme d'un opiat pour appaiſer la violence de *Milady* , & lui fit garder le ſilence; mais comme les opiats les plus forts perdent leur vertu, quand on les applique trop ſouvent , bien-tôt la bonne Dame la traita de ſotte & d'impertinente , & ne voulut plus rien entendre.

Pendant ce tems, Madame Lloïd commença à ſe laſſer , & à penſer que ſon fils perdoit ſon tems ; en effet, ce même fils étoit plus aſſidu que jamais. Il avoit deſtiné à Léonore quantité de preſens qu'il ne pouvoit lui faire accepter. Un jour, il hazarda de parler de Stanley, &

parut, comme par mépris, se plaindre que le fils d’un Marchand eût trouvé place dans son cœur. Dans ce moment, Léonore oublia toute sa douceur , & lui ordonna de sortir à l’instant. Comme il ne bougeoit pas , elle voulut lui quitter la place elle-même ; pour la premiere fois , il se mit en devoir de l’arrêter. Son indignation s’accrut au dernier degré ; elle s’écria dans sa colere , & attrapant le cordon de la sonnette , elle sonna si fort que la moitié de la maison fut à l’instant dans la chambre. Léonore sortit , & Lloïd resta au milieu des domestiques , sans sçavoir que devenir , quand Lady Filmore arriva à son secours. Les domestiques étant sortis , le pauvre Lloïd ne fut pas moins déconcerté à la vue de la Dame. Bon Dieu ! s’écria-t-elle , de quoi est-il donc question ? Léonore se plaint que vous l’avez mal traitée. Qu’est-ce que c’est , Monsieur Lloïd ? Elle me dit de vous le demander. Si le Lord Belfont eût été la cause de ce trouble , la vieille Dame auroit appréhendé quelque chose de terrible ; mais elle n’étoit pas tant allarmée de la part de M. Lloïd ; elle l’encouragea donc un peu ,

& il lui raconta le tout. A quoi Milady
répondit : Bon ! bon ! l'extravagante !
eh ! bien, laissez-moi faire. Alors elle
monta à l'appartement de Léonore, &
la gronda fortement, en disant : si quelque légereté dans sa conduite, n'en eût
fourni le prétexte, personne n'auroit pu
supposer que Stanley en voulût à son
cœur. Léonore piquée, se défendit avec
un peu de vivacité : la grand'mere la
menaça de la Ville ; cette menace ne fit
point d'effet. Léonore répondit que du
moins elle étoit sûre que Belfont étoit
trop galant homme pour l'insulter. Ce
seul mot en faveur du Lord Belfont, allarma si fort la vieille Dame, qu'elle
commença à adoucir ses regards & son
ton de voix, à raisonner doucement, à
argumenter tranquillement, à persuader
avec douceur ; la pauvre Léonore fut encore subjuguée. Elle se repentit d'avoir
pu désobliger une si bonne parente ; elle
jura & protesta que M. Lloïd étoit celui
des deux de qui elle pensoit le plus favorablement, & engagea sa parole &
son honneur, de ne jamais se donner au
Lord Belfont, à quelque condition que
ce pût être..... La Douairiere ayant ob-

tenu ce point, auroit bien voulu aller un
peu plus loin , & tirer la même promeſſe par rapport à Stanley. Miſſ rou-
giſſant & pâliſſant tour-à-tour , ſe contenta de lui dire : Il eſt bien dur qu'il
faille qu'on me parle toujours de ce jeune
homme ! mais ma grand'maman eſt maitreſſe de dire tout ce qu'il lui plaît. Ici
ſes larmes l'interrompirent , & la vieille
Dame reprit : Non , ma chere enfant.
Mais Léonore ſe remettant, lui dit : Il
n'eſt pas beſoin de nommer perſonne ;
puiſque j'engage ma parole de ne jamais
donner ma main à aucun homme ſans le
bon plaiſir de ma grand'maman. La
vieille Dame ſe contenta de cette aſſurance , & elles ſe ſéparerent. Lloïd devoit demander pardon , & ne jamais
tomber en pareil faute ; à cette condition , il pouvoit eſpérer d'être admis ſur
le même pied qu'auparavant.

CHAPITRE XVII.

Nouveau remede pour les passions hystériques.

LADY Filmore voyant que les voyes de douceur étoient le vrai moyen de gagner Léonore, prit une méthode plus attirante, & faisoit tout pour lui plaire & la contenter. Entre autres choses elle fit dire à Mistress Trawly, de lui envoyer quelques beaux cartons de dentelles pour choisir. Or il faut sçavoir que, quoique peu tourmentée de la passion des parures, Léonore n'étoit pas insensible à la petite satisfaction, qu'une jeune fille peut avoir, de porter de belles choses. Mistress Trawly n'eut pas plutôt reçu ce message, que le tremblement prit à Marianne. Elle en conclut sur le champ que M. Lloïd alloit être heureux, & posséder la maitresse de son cher Stanley. Tandis qu'elle préparoit ces cartons, son ame étoit saisie du plus grand trouble ; quelquefois elle formoit la résolution d'en aller instruire Stanley ;

peut-être aussi se trompoit-elle : cependant on vouloit ces dentelles plus belles que Lady Filmore n'avoit coutume d'en demander auparavant. Elle revenoit au projet de l'écrire à Stanley : mais aussi ce seroit mettre en danger la vie de Stanley. Elle agita ce point dans son esprit toute la nuit, sans en venir à aucune résolution ; pour écarter tous ses doutes, elle partit dès le matin avec les dentelles. Léonore auroit été bien charmée de tout retourner, sans la circonstance que Lloïd étoit-là, quand Marianne arriva : il eût l'assurance de recommander une chose, d'en approuver une seconde, d'en louer une troisiéme, & ainsi de suite. Léonore se trouvoit toujours d'un goût différent du sien : à la fin, elle se trouva si dépitée, qu'elle n'en vouloit prendre aucune. Car malheureusement, Lloïd avoit fixé son goût sur la même dentelle qu'elle étoit sur le point de choisir elle-même, s'il eût été moins officieux. La vieille Dame fut obligée de se mordre la langue de ce qu'elle ne pouvoit s'empêcher de trouver un peu ridicule Lloïd: lui-même fut à la fin si déconcerté, qu'il prit congé & sortit.

A peine étoit-il sorti de la chambre,
que Léonore fit son choix. Lady Filmore mettant ses lunettes, s'écria : Sûrement, mon enfant, vous vous trompez, vous ne pouvez pas choisir celle-
ci ; c'en est une que M. Lloïd à ap-
prouvée, & que vous avez trouvée si
laide. Sur cela, il s'éleva un petit dialogue
qui dura jusqu'à ce que Mistress Susanne ouvrit brusquement la porte, &
répandit l'allarme, en s'écriant : Oh ! là,
Madame ! Madame ! Monsieur Lloïd
vient de tuer le jeune Monsieur Stanley.
Marianne tomba sur le champ à la ren-
verse, en jettant un cri perçant : La
malheureuse Léonore fut saisie subitement d'une foiblesse & s'évanouit. La
grand'mere affligée, effrayée du danger
de sa petite-fille, avoit à peine assez
de force pour voler à son secours : Dans
un instant, l'appartement fut rempli de
domestiques, dont quelques-uns porte-
rent Léonore dans sa chambre, d'autres
prirent soin de la pauvre Marianne, &
pendant quelques momens, peut-être
cette famille n'avoit jamais été dans un
tel embarras. Léonore dans un acces
terrible de vapeurs, tantôt pleurant à
chaudes

chaudes larmes , & tantôt faisant des éclats de rire extravagans , effrayoit mortel-lement sa grand’mere , qui maudissoit alors sa propre prudence & son adresse , & détestoit Lloïd , à cause du danger où il venoit de plonger sa fille bien-ai-mée. Les Médecins furent mandés aussi-tôt; avant qu’ils fussent arrivés , on sça-voit déja toute l’affaire. La voici : Quoi-que Stanley ne pût pas voir sa maitresse , il avoit une sorte de plaisir mélancolique à voir la maison qui la renfermoit , & il avoit l’habitude de roder de ce côté-là, pour se livrer à la rêverie que la mau-vaise situation de sa passion avoit répandue sur son humeur. Malheureusement , il passoit par-là précisément dans le mo-ment que Lloïd sortoit de chez Lady Filmore. Lloïd n’avoit point revu Stan-ley depuis leur entrevue dans le Parc , qu’il regardoit toujours comme une in-sulte. Ce ressouvenir , joint au caprice qu’il venoit d’essuyer de sa maitresse , lui rendit l’aspect de Stanley insup-portable. Ils se joignirent d’une façon qui n’étoit rien moins que polie. Quoique Stanley,après les ordres de Léonore,n’au-roit jamais cherché Lloïd , il ne fut

Partie. II.   **H**

peut-être pas fâché de le rencontrer. A peine s'étoient-ils dit quelques mots, qu'ils tirerent l'épée : le pied ayant glissé à Stanley, il tomba par terre le nez devant. Dans un instant tous les domestiques de Lady Filmore & beaucoup d'autres les séparerent. Lloïd s'en alla en disant qu'il iroit le voir le lendemain au Temple. Mistress Susanne, femme de chambre de Milady, qui accourut avec les autres, arrive précisément pour voir tomber Stanley, & concluant que c'étoit l'épée de Lloïd qui en étoit cause, elle courut à l'instant en informer sa maitresse.

Un des Médecins, qui, sans être fort vieux, étoit homme de bon sens, apprenant cette affaire, prit la main de Miss Filmore, & ordonnant qu'on fît sortir tout le monde de la chambre, dit, sans s'adresser à la malade, & paroissant parler en lui-même : Que le diable emporte la sotte begueule, d'effrayer ainsi cette jeune Demoiselle. Quand le fait seroit vrai, il n'y auroit pas de bon sens de l'annoncer si brusquement ; mais il n'en est pas un mot : Monsieur Stanley se porte très bien, ainsi cette salope mériteroit punition.

Que les Médecins & toute la sequelle des sçavans Théoristes , & des Praticiens habiles en conviennent ou non , je prétends qu'il y avoit plus de sens dans ce soliloque, que dans les ordonnances les plus travaillées de Harvey , Sydenham , Boerhaave & autres enfans chéris d'Esculape.

Aussi le succès en fut-il favorable. Léonore, quoique au plus fort d'un accès terrible de vapeurs , fit quelque attention à ces paroles du Médecin ; elle qui auparavant n'avoit rien vu ni entendu de tout ce qui s'étoit dit ou fait : mais se tournant vers lui d'un air presque riant.. Ah ! ah ! dit-elle , il n'est pas tué ? Il n'est pas mort ? Ensuite les larmes recommencerent , au grand étonnement de la compagnie, & même des plus vieux Médecins ; car il y en avoit alors trois; le plus jeune de tous continua, comme s'il parloit à une personne dans tout son bon sens, & assura Léonore que Stanley se portoit bien. Un des plus vieux l'interrompit , en disant qu'ils perdoient le tems , que..... Mais le jeune Docteur, sans aucun égard pour la Médecine, affecta de se mettre en colere , & insista, que perſonne ne pouvoit le contredire, que tout ce qu'il avoit dit étoit vrai: qu'il avoit déjeûné avec George Stanley lui-même ; & qu'ils étoient enſemble, quand Lady Filmore l'avoit envoyé chercher, & ajoûta-t-il ; le pauvre garçon a été bien effrayé, quand il a vu qu'on m'envoyoit appeller de chez Lady Filmore : il m'a prié avec inſtance, de faire des miracles, s'il étoit poſſible, en cas que ce fût pour Miſſ Filmore qu'on me mandoit. Enfin les deux graves confreres firent ſigne de la canne, qu'il falloit ordonner..... Sa réponſe fut : En vérité, Monſieur, vous êtes bien incrédule. Oui, Monſieur, il eſt venu juſqu'à la porte ; & je l'enverrois chercher pour vous convaincre, ſi je ne craignois d'allarmer Miſſ. Quelque peu médical que fût ce raiſonnement, la jeune Demoiſelle eut le tems de revenir à elle-même pendant cet intervalle. Que ceux qui ne veulent pas en faire les honneurs au bon ſens, attribuent cet effet, s'ils le veulent, à l'*Aſſa Fœtida*, j'y conſens. Pour ne point paroître mépriſer la Médecine à qui nous avons réellement de grandes obligations, nous avouerons volontiers que cette drogue eut quelque part au rétabliſſement de Léonore ; mais nous perſiſtons à dire que ſans les raiſonnemens du Docteur, toute une boutique d'*Aſſa Fœtida* n'auroit pas ſuffi pour cela. Les autres Médecins furent fâchés de voir la malade revenue à elle avant qu'ils euſſent rien ordonné ; Léonore étoit maintenant aſſez bien, il lui reſtoit à peine aucune trace de ſon accès de vapeurs ; mais elle étoit ſi foible, qu'elle ne pouvoit preſque parler. Cependant elle eut la force de dire : comment, Docteur, vous avez vu Monſieur Stanley ? & il eſt vivant ? Oui, Madame, je vous en réponds ſur mon honneur, répondit le jeune Eſculape, & ſi vous êtes aſſez bien, j'ai permiſſion de votre grand'maman de l'amener cette après-dînée prendre le thé. Léonore dit en ſoupirant : Ah ! cela n'eſt pas poſſible ! on diſoit qu'il étoit tué..... Madame, répliqua le Docteur, tout cela étoit une mépriſe de cette folle de Suſanne. Je vous promets ſur ma parole, de l'amener prendre le thé après-dîner, pourvu que vous puiſſiez auparavant vous tranquillifer, & vous remettre par une heure ou deux de ſommeil. Léonore dit

H iij

en foupirant : Vous êtes bien bon, Monfieur ; & les Docteurs fe retirerent pour confulter. Or Lady Filmore avoit beaucoup d'égards pour ce jeune Docteur ; c'étoit fon Médecin ordinaire ; de forte que les domeftiques alloient toujours chez lui d'abord ; quoique dans cette circonftance, Lady Filmore ne voulant pas fe confier uniquement à un homme fi jeune, en avoit demandé d'autres pour le feconder.

Cependant, comme vous voyez, il fit plus lui feul que les autres Docteurs. Ce que j'en dis ici n'eft que pour faire voir combien il fut heureux d'avoir en cette occafion un jeune Praticien. Car les vieux guindés dans les nuages de la profeffion, ne daignoient pas chercher des remedes hors des brouillards & des vapeurs qui compofent ces nuages, au lieu que les jeunes gens, quoiqu'ils n'aient peut-être pas encore atteint la même profondeur, n'ont pas auffi entierement perdu de vue toutes les autres connoiffances. On peut faire le même raifonnement d'un jeune Avocat : il y auroit peut-être auffi quelque chofe à dire en faveur d'un jeune Théologien. Mais comme le point le plus important dans ce siécle, eſt d'aſſurer ſon bien & de conſerver ſa ſanté, & que peu de gens ſont occupés maintenant du ſoin de leurs ames, je ne veux point me mêler de la Religion.

Le jeune Médecin que je viens de dire, n'avoit jamais vu Stanley, ni entendu parler de lui. Mais Milady lui avoit dit tout en entrant : Oh ! Docteur, on vient de faire à ma chere enfanc lé rapport de la mort d'un homme pour qui elle a conçu une paſſion malheureuſe : je crains bien que cela ne la faſſe mourir ; mais il ſe porte bien. Plût à Dieu que je ne me fuſſe jamais oppoſée à leur amour.

Le Docteur ne fit que demander ſon nom ; nous avons vu l'uſage qu'il en fit. Il crut, d'après ce qu'il venoit d'entendre dire à la vieille Dame, qu'il étoit autoriſé à lui promettre de l'amener prendre le thé ; il s'en alla informer Milady du progrès de la maladie & de la promeſſe qu'il venoit de faire.

H iv

CHAPITRE XVIII.

Un quart-d'heure suffit à une femme pour la faire changer d'avis.

PENDANT ce tems, Marianne entra dans de si violentes convulsions, que les domestiques qui étoient auprès d'elle, crurent qu'elle alloit expirer. Comme il y avoit trois Médecins dans la chambre de Léonore, ils prirent la liberté d'en appeller un auprès de Marianne, qui lui fit donner quelques remedes sur le champ, qui heureusement la rappellerent à la vie en peu de tems : & le Docteur ayant laissé par écrit la maniere dont il falloit la gouverner, retourna à l'appartement de Miss Filmore. Il avoit déja tâté le pouls de la jeune Demoiselle, & fait toutes les sçavantes simagrées, qu'on fait communément avant d'ordonner ; ainsi il ne retarda point ses Confreres, qu'il trouva sur le point de faire une consultation. Lady Filmore qu'on avoit auparavant fait sortir de la chambre, de crainte, disoient-ils, qu'elle ne pût supporter la vue de l'état déplorable de Léonore, vint à leur rencontre, & ils rentrerent avec elle, pour la convaincre, que Miss étoit hors de danger, & un peu plus tranquille. Cependant ils emmenerent la Dame avec eux, en ordonnant qu'on laissât la malade en repos, tant que faire se pourroit. Cette Dame voulut insister & rester auprès d'elle. Le jeune Docteur lui dit, qu'il ne le falloit pas absolument; que la seule vue d'une personne qu'elle aimoit tant que sa grand'maman, l'affecteroit peut-être trop; qu'ainsi Milady ne devoit point en approcher. : en quoi il fut secondé par ses Confreres. Milady se rendit & retourna chez elle, tandis qu'ils consulterent. Personne ne pouvoit se réjouir plus sincerement que Lady Filmore, de ce que sa fille étoit hors de danger. Mais alors son esprit prit un autre tournure. Elle fut fâchée de voir une telle preuve du pouvoir que Stanley avoit sur Léonore : pour lors l'état de la fille de boutique, son évanouissement subit, & tout rassemblé ensemble l'étonnoit; elle ne sçavoit que penser. Pour la pauvre Marianne, quand elle reprit

H v

se sens, quoique ce ne fût que pour un moment, elle en profita pour prononcer le nom de Stanley. Susanne se hâta d'un air officieux, d'en aller informer sa maitresse, qui n'y fit point d'attention dans la minute, parce que la bonne Dame étoit toute occupée du danger de Léonore : mais un quart-d'heure après, lorsqu'elle n'eut plus rien à craindre pour sa chere fille, cette circonstance lui revint dans la pensée. Elle s'imagina pouvoir en tirer quelque avantage ; pour cet effet, elle donna ordre qu'on eût grand soin de Marianne. Le jeune Docteur resta dans la maison après le depart de ses Confreres, pour parler à Lady Filmore. Il lui dit que si on laissoit Miss tranquille, sans que rien pût la troubler ni l'allarmer, deux ou trois jours suffiroient pour la rétablir entierement; alors il lui déclara la promesse qu'il lui avoit faite, dont on ne lui sçut pas grand gré. La Dame fut si courroucée qu'elle ne put s'empêcher de dire qu'à son avis, les secrets de famille n'étoient point de la sphere des conseils d'un Médecin : le Docteur en convint, & assura la Dame, qu'il blâmoit, ainsi qu'elle, ceux qui s'immifçoient dans les affaires de famille ; mais il tâcha de lui montrer que le cas préfent étoit un cas fingulier, & une exception à la régle générale. La Dame lui répondit : Sçavez vous bien, Monfieur, que c'eft le garçon le plus débauché de la Ville? Je me trompe fort, fi la créature que vous avez vue auffi en foibleffe n'eft pas fa..... fa..... Voudriez vous que j'allaffe donner mon enfant à un tel miférable? Non, Madame, répondit le Docteur, je ne le voudrois pas ; mais il eft néceffaire de montrer à Miff, qu'il eft vivant, & que fes craintes étoient fans fondement. Après cela, fi le Gentilhomme n'eft point un parti qui convienne à Miff, & qu'il ne foit pas de votre goût, je penfe que fi cette fille eft telle que vous la foupçonnez, elle pourra très - bien fervir à votre projet. Cette idée fe rapportoit affez à celle de Milady : alors le Docteur acquit quelque crédit fur elle ; elle étoit toujours embarraffée comment recevoir Stanley. Elle lui avoit défendu, & à toute fa famille, l'entrée de fa maifon ; maintenant l'envoyer chercher, lui paroiffoit fingulier & même un peu bas.

En cela il est sûr qu'elle n'avoit point de tort ; mais au lieu d'être fâchée actuellement que le Docteur s'entremêlât dans les affaires de sa famille, elle lui dit de son plein gré tout ce qu'elle sçavoit : & le Docteur ayant demandé quel étoit le vrai caractere de Stanley, elle lui avoua ingénuement, qu'à la réserve qu'il avoit donné dans quelques travers de jeunesse, elle n'avoit rien à lui reprocher du côté du caractere ; mais que quand il auroit toujours mené la vie la plus réguliere, sa fortune ni sa naissance ne lui donnoient pas droit de prétendre à Miss Filmore : qu'elle n'y consentiroit jamais : & s'échauffant un peu, elle ajoûta, qu'aucun Docteur n'exigeroit qu'elle le laissât venir pour parler & pour tromper cette pauvre folle. Madame, répliqua le Docteur, s'il a le moindre sentiment d'honneur, vous n'avez pas besoin de craindre qu'il fasse un mauvais usage de l'indulgence que vous lui accordez maintenant. Si nous avions quelque autre moyen pour convaincre la jeune Demoiselle, qu'il n'a pas été tué, je le préférerois sans doute. Actuellement cela est devenu absolument nécesfaire. S'il ne vient point, elle croira qu'on l'a trompée, elle retombera, & Dieu sçait ce qui pourroit en arriver. Le danger parut en effet apparent à Milady, & elle reprit: Eh! bien, Docteur, comment donc s'y prendre pour le faire venir? Vous ne pensez pas qu'il faille lui dire de quelle conséquence cela est pour cette pauvre enfant? Oh! non, Madame, dit le Docteur: j'irai le trouver moi-même, je le gronderai un peu, autant que peut faire un homme qui ne le connoît pas, d'être venu faire une dispute devant votre porte; je lui dirai que vous en êtes fort offensée; que cela a effrayé Miss Filmore, & que vous ne pensiez pas avoir mérité de sa part un pareil procédé. Il cherchera à s'excuser, je paroîtrai convaincu, & par pure bonne volonté, je promettrai de vous le présenter, pour faire valoir ses excuses, & j'exigerai pour condition, que si par hasard il voyoit Miss Léonore, comme la chose peut bien arriver, il ne lui dira pas un seul mot, de plus que si elle lui étoit absolument étrangere. Vous pouvez bien croire qu'il acceptera toutes ces conditions, pour courir le hasard de voir Miſſ Filmore ; & quand elle quittera l'appartement , vous pourrez alors lui parler un peu. Ce n'eſt pas que je croye que rien de ce que vous lui direz produiſe beaucoup d'effet ſur lui ; quoi qu'il en ſoit , il me ſemble que voilà la meilleure façon de conſerver toutes les apparences.

A ce diſcours, Lady Filmore ſecoua la tête , comme ſi elle ſe fût méfiée de la réuſſite. Cependant le Docteur la mena à l'appartement de Léonore , qui étoit aſſez bien remiſe. Le Docteur le remarqua , & en ſa préſence il répéta ſes conſeils à Milady , de laiſſer goûter à Miſſ un repos tranquille juſqu'à ſon retour.

CHAPITRE XIX.

Il est dur pour un amant d'être en compagnie de sa maitresse, & de ne pas avoir la permission de lui parler.

STANLEY & Lloïd s'étoient séparés en formant tous les deux des résolutions désespérées. Lloïd retourna chez lui, où sa mere (à qui la Rénommée, cette Déesse aîlée, avoit dit que son fils étoit à se battre) l'attendoit à la porte. Elle avoit été fort effrayée de son prétendu danger ; elle ne fut pas moins émue maintenant de joie de le revoir sain & sauf. Elle remercia le Ciel de le lui avoir conservé ; puis le gronda de sa folie, & ainsi de suite, le tout par un excès d'affection maternelle. Lloïd n'étoit revenu à la maison que pour se préparer à une seconde rencontre avec Stanley ; il s'étoit trompé. Sa tendre mere ne le tint pas plutôt dans sa chambre, que sur le champ elle l'enferma à clef, & le laissa seul pester

& crier ; non contente de cette assurance, elle aposta trois laquais vigoureux, pour veiller & garder les portes, tandis qu'elle courut dans tous les recoins de la maison, publier son amour & son affection pour son cher enfant.

Pendant ce tems-là, Stanley étoit également occupé du desir de la vengeance ; & ayant rencontré fort à propos son ami Martin, il insista à vouloir aller chercher Lloïd. Martin vouloit l'en dissuader, & tous ses raisonnemens auroient été inutiles, sans l'arrivée du Médecin, qui dit tout en l'abordant : Je viens vous voir, Monsieur, de la part de Lady Filmore. George fut fort surpris ; mais d'un air tranquille & poli, il le pria de s'asseoir ; & Martin étant sorti, le Docteur suivit son plan, & tout réussit comme il l'avoit imaginé. Le Docteur fut si convaincu de l'innocence de Stanley, qu'il promit d'employer tout son crédit auprès de Milady, pour l'engager à écouter ses excuses, & pour cet effet il fut convenu entre eux que Stanley iroit attendre le Docteur dans le Caffé proche de la maison de Milady. George regarda le Docteur comme le meilleur ami qu'il eût jamais trouvé : bon gré, malgré, il voulut le conduire jufqu'au bas de l'efcalier , il vouloit même l'accompagner jufqu'à fon carroffe.

George étoit alors trop abforbé dans fes penfées , pendant tout le tems de la vifite du Docteur , pour montrer cet air aifé & gracieux , qui animoit toutes fes actions. Il n'étoit pas affez maître de fes mouvemens & de fes fens, pour lui donner des preuves de fon efprit & de fon entendement : cependant le Docteur en fut tellement enchanté , qu'il plaida fortement en fa faveur auprès de Lady Filmore, & l'affura, comme c'étoit la vérité, que Stanley lui avoit parlé d'elle avec les plus grands égards.

Léonore fe trouva en un fi bon état dans l'après-dîner , qu'elle fe leva & defcendit dans la falle à manger , où elle parut avec certains charmes languiffants , qui donnoient un démenti à la maladie, & la rendoient , s'il étoit poffible , encore plus aimable que quand elle jouiffoit d'une fanté complette. Les autres Médecins lui avoient déja tâté le pouls , vifité la langue , & fecoué gravement la tête pendant quelques minu-

tes. Auffi-tôt que le jeune Docteur parut , Léonore changea de couleur ; il
craignit que les mefures mêmes qu'il
avoit imaginées pour la fervir , ne l'allar-
maffent & ne lui fiffent du mal. Cependant il s'avança vers elle en fouriant , &
lui dit tout bas ; allons, courage ; un de
vos amis fera ici dans cinq minutes , fi
vous êtes en état de le voir , & il lui fit
prendre quelques gouttes de ce même
Affa Fœtida. Les autres Médecins reçu-
rent leur honoraire & fortirent : alors
notre Amballadeur rendit compte de fa
négociation ; à quoi Lady Filmore répondit : vous l'emportez , Docteur : qu'il
vienne donc. Puis fe tournant vers Léonore ; & vous , ma chere , je crains que
vous ne foyez pas affez bien pour voir
un étranger. Pardonnez-moi , Madame,
s'écria le Docteur ; maintenant qu'elle
eft mieux , je voudrois qu'elle ne reftât
jamais fans compagnie ; cela lui fera du
bien : auffi-tôt il fortit pour aller chercher Stanley , qui étoit déja depuis long-
tems au Caffé à l'attendre. Après que le
Docteur l'eût quitté , il n'infifta plus
pour charger Martin de fon meffage.
Il ne fongea plus à Lloïd. L'attente de

voir fa Léonore occupoit toutes fes penfées & fon attention.

La vieille Dame fut un peu déconcertée en voyant entrer le Docteur avec
Stanley. La pauvre Léonore ne pouvoit
fe foutenir , & George eut le chagrin
de voir fa maitreffe auffi pâle que la mort.
Notre jeune Docteur rempli de bonne
volonté , avoit eu la précaution de tenir
tout prêt un flacon plein de fels , qu'il
appliqua , fans rien dire , aux narines de
fa malade , & qui l'empêcha de s'éva-
nouïr. George s'étoit engagé à fe tenir
auprès de Léonore , comme s'il eût été
une perfonne étrangere : mais la politeffe vouloit que même un étranger s'in-
formât de l'état de fa fanté ; & s'il le
fit d'une maniere plus empreffée , ce fut
auffi d'une façon bien plus contrainte ,
que s'il fe fût adreffé à une étrangere.
La Douairiere fronça le fourcil , le Docteur porta fon doigt à fon nez , & George
garda le filence. Alors le Docteur dit
tout bas à Léonore , que fi elle vouloit
remonter dans fon appartement , il fon-
neroit fa femme de chambre ; elle lui
fit une révérence en figne de confentement : en effet , elle avoit befoin d'être

feule. Quand elle fortit, Stanley ne dit pas un feul mot, qu'on pût entendre ; une exclamation, un foupir, une larme, furent les feuls témoignages qu'il donna de fon amour. Le Docteur alors fortit de la chambre pour aller voir fon autre malade, la pauvre Marianne.

La vielle Dame & Stanley ne furent pas plutôt feuls, que, lui adreffant la parole : Voyez, jeune homme, lui dit-elle, ce que vous avez fait : n'êtes vous pas honteux de votre conduite ? George étoit trop rempli de l'objet qu'il venoit de perdre de vue, pour chercher à s'excufer. Il avoua fa faute, plaignit la maladie de Léonore ; & bien loin de blâmer Lady Filmore, il applaudit aux oppofitions qu'elle apportoit à fon amour, reconnoiffant qu'il n'étoit, ni pourroit jamais être digne de poffeder un tel ange. Il affecta auffi de traiter cette Dame avec un refpect infini, quoiqu'elle n'en parût pas fort touchée ; au contraire elle lui dit de bannir toute idée fur Léonore, parceque jamais elle n'y donneroit fon confentement, quand même il auroit celui de Léonore, ce qu'elle garantiffoit bien qui n'arriveroit pas. Stanley dit pour

toute réponse : Si vous attendez , Madame , que vous trouviez un homme qui
mérite Léonore , je crains bien qu'elle
ne soit jamais mariée. Pour moi j'avoue
franchement que je n'en suis pas digne ;
mais je ne puis m'empêcher d'y penser ,
quoique sans la moindre espérance. Que
le Ciel la comble de bonheur : que Dieu
vous récompense des soins maternels que
vous en prenez. La bonne Dame ne fut
pas fâchée des façons d'agir de George : mais il étoit le fils d'un simple
Marchand , un homme sans naissance ,
& sans beaucoup de fortune. Quand elle
n'auroit pas eu d'objection à faire à l'é-
gard de ce dernier point , le premier
lui tenoit au cœur ; elle y étoit butée.

Le Docteur qui, pendant ce tems-là ,
étoit avec Marianne , lui fit quantité
de questions, pour découvrir les secrets
des liaisons qu'elle pouvoit avoir avec
Stanley ; mais ou elle étoit trop mal ,
(car aussi - tôt les convulsions cessées la
fièvre l'avoit prise,) ou elle avoit eu le
tems de se remettre , & craignoit d'en
découvrir trop : ainsi toutes les questions
du Médecin n'aboutirent pas à grand
chose. Elle étoit assise dans un fauteuil ;

le Docteur lui conseilla de se mettre au lit. Les domestiques de la maison l'en avoient déja pressée , & n'avoient pas pu réussir. Elle demandoit toujours qu'on la fit transporter chez elle. Le Docteur s'y opposa , disant que dans l'état où elle se trouvoit , cela pouvoit être dangereux. Il en étoit à disputer sur ce point avec elle , quand un incident lui découvrit par hasard , ce que toute son adresse n'avoit pu lui apprendre en une demi-heure de tems. Un domestique vint dire au Docteur que Monsieur Stanley demandoit à lui parler , avant de s'en aller. Au nom de Stanley , Marianne s'élança de son fauteuil en criant : Eh ! bien, quoi ! Stanley ! le Docteur prit alors la parole & répondit : Monsieur George Stanley , que l'on disoit être mort. Quoi ! dit-elle , il ne l'est pas ? il est vivant ? Que le Ciel soit béni ; j'en remercie mon Dieu. Maintenant je puis mourir en paix , & elle tomba en foiblesse dans son fauteuil. Ce jeune homme qui la visitoit sentit sa situation & en eut pitié. Elle revint à elle , & se tournant vers lui , elle dit en secouant la tête : Ah ! Monsieur , ne me flattez pas , ne trompez pas une pauvre & malheureuse fille. Non, en vérité, répliqua le Docteur, je ne vous en impose pas : si vous voulez, je vais l'envoyer chercher. Moitié sourire, moitié convulsion sur son visage, elle le regarda fixement , comme en hésitant sur ce qu'elle avoit à faire ; à la fin : Non, dit-elle, il ne faut pas qu'il me voye ici ; puis poussant un soupir : cependant je serois bien aise de le voir..... mais il ne faut pas qu'il me voye. Eh ! bien, ma bonne Demoiselle, dit-il, Susanne vous aidera à aller jusqu'à la fenêtre, & je me promenerai devant avec Monsieur Stanley , pour vous convaincre que je ne vous en impose pas. Stanley qui ne s'attendoit guères , en venant dans cette maison , que sa précédente maitresse y fût, n'avoit envoyé chercher le Docteur que pour le remercier , & lui demander permission d'aller le voir , afin de s'informer de la santé de sa chere Léonore. Marianne le vit, & se jetta à genoux, pour rendre graces au Ciel de sa délivrance ; mais il ne lui échappa pas une parole, que l'adroite Susanne n'allât rapporter aussi-tôt à sa Dame. Cette femme n'étoit jamais en défaut dans ſes queſtions ; non que Lady Fil-more aimât la médiſance ni les caquets; mais ſi ſa domeſtique en faiſoit , quel remede y pouvoit-elle apporter ? Su-ſanne , convaincue du trouble qu'avoit cauſé ſon exclamation du matin , étoit maintenant fort exacte à réparer ſa faute par des rapports qu'elle jugeoit ne de-voir pas être déſagréables à ſa Dame. Les domeſtiques ſont extrêmement induſ-trieux à ſaiſir ce que leurs maîtres ou maitreſſes aiment à entendre : il ſe peut bien faire auſſi que Lady Filmore eût inſinué de prendre garde à ce que diroit cette pauvre fille. Suſanne alloit racon-ter à ſa maitreſſe cette derniere circon-ſtance , lorſque le Docteur qui s'étoit ar-rêté à la chambre de Léonore , après avoir quitté Stanley , entra dans l'appar-tement pour dire à Lady Filmore qu'il avoit laiſſé la jeune Dame aſſez bien, & que, pourvu qu'on la laiſſât tranquille , il aſſuroit que quelques jours ſuffiroient pour la rétablir entierement.

CHAPITRE

CHAPITRE XX.

Les Dames entièrement réconciliées.

A PEINE le Docteur étoit sorti, que Mistreff Trawly arriva. Sa fille de boutique étoit sortie dès le matin…. Elle étoit sortie avec une partie considérable de marchandises, & n'étoit pas revenue dîner. La bonne femme étoit un peu inquiette : & quand ce vint à l'heure du thé, point de Marianne, point de denselles de retour ; elle fut alors très en peine de ses marchandises, & prenant la résolution d'aller la chercher, elle se rendit chez Lady Filmore. La Dame fut fort aise d'apprendre qu'elle étoit venue, & ordonna de la faire entrer ; mais de ne pas lui laisser voir Marianne. Quand elle fut dans l'appartement, la vieille Dame la gronda assez vivement de lui avoir envoyé une telle fille. Mistreff Trawly voyant que ses effets étoient en sûreté, ne demanda pas mieux que de donner satisfaction à la Dame sur tout.

Elle avoua qu’en effet cette créature n’é-
toit pas digne d’avoir l’honneur de servir
Madame, & qu’assurément, si *Madame*
n’avoit pas paru avoir du goût pour elle,
elle n’auroit jamais songé à l’envoyer chez
Madame. La Douairiere cherchoit moins
des complimens que des faits ; elle insista à lui demander un détail complet
& circonstancié. La bonne femme voyant
Milady butée à vouloir tout sçavoir, résolut de ne lui rien cacher de ce qu’elle
sçavoit. A la vérité, cela se réduisoit à
peu de chose ; elle n’avoit appris cette
histoire que par lambeaux de Mistress
Mechelin. Elle dit donc à Lady Filmore, qu’un jeune homme ayant abusé
de cette fille en Allemagne, l’avoit amenée avec lui ; & qu’ensuite il l’avoit aban-
donnée après ses couches. Elle ne sçavoit
rien des cent soixante-dix livres sterling
qu’il lui avoit données, ou bien elle oublia d’en parler ; mais elle assura la Dame que Marianne s’étoit toujours bien
comportée, & avoit mené une conduite
irreprochable depuis qu’elle demeuroit
avec elle. Lady Filmore vouloit sçavoir
le nom de celui qui l’avoit abusée ; Madame Trawly ne s’en ressouvenoit pas ;

peut-être même ne l'avoit-elle jamais entendu nommer. La Dame lui demanda si ce n'étoit pas Stanley ; elle répondit qu'elle ne sçavoit pas. Cependant quand on lui eut répété deux ou trois fois la même question , voyant que Milady étoit butée à ce que ce fût lui , elle se rappella son nom , & assura positivement que c'étoit Stanley.

Dans un autre tems, Lady Filmore n'auroit pas été plus charmée de trouver une pauvre fille innocente, qu'elle l'étoit alors de trouver Marianne coupable. Elle ordonna cependant qu'on en prît le plus grand soin. Mais toutes ses persuasions & ses prieres ne purent engager cette malheureuse fille à rester. Quoiqu'il fût nuit , & qu'elle fût réellement fort malade , de sorte que le Médecin avoit trouvé qu'il étoit dangereux pour elle de sortir ; cependant elle ne voulut pas absolument demeurer ; & Mistress Trawly ne se soucioit plus de remener chez elle une telle *créature*. Mais Lady Filmore , voyant que la pauvre fille vouloit partir, fit mettre les chevaux à son Carrosse , qui étoit fort chaud , pour la reconduire ; priant Mistress Trawly d'en pren-

dre tout le foin poffible, & qu'elle paie-
roit la dépenfe. Alors Miftreff Trawly
changea de langage : Hélas ! dit - elle,
oui, vraiment, il feroit fâcheux d'abandonner cette pauvre jeune fille ; & elle
infifta pour aller en Carroffe avec elle,
afin d'en prendre foin. Dans toute autre
circonftance, la bonté de Lady Filmore
l'auroit portée à faire une action charitable ; mais elle avoit alors un autre
point de vue, auquel fe rapportoit tout
le foin qu'elle prenoit de Marianne. Elle
renvoya Miftreff Trawly & fa fille de
boutique ; & bien contente d'elle-même,
elle alla voir un moment fa petite-fille,
à qui elle montra beaucoup de bonne
humeur, fans lui donner la moindre
connoiffance de ce qui s'étoit paffé.

Pendant ce tems-là, Monfieur Lloïd
avoit paffé un jour fort mal à fon aife.
Après s'être tourmenté long - tems lui-
même, fon bon fens lui fit connoître,
que s'il ne promettoit pas d'éviter la
rencontre de Stanley, la tendreffe de
fa mere lui feroit entreprendre quelque
démarche qui la rendroit ridicule & lui
auffi ; c'eft pourquoi il entra en accom-
modement avec elle, & recouvra fa liberté.

Le lendemain, Léonore se trouvoit beaucoup mieux. Madame Lloïd vint, presque déterminée de rompre avec Lady Filmore; mais la Dame lui ayant communiqué son dessein d'indisposer Léonore contre Stanley, en lui déclarant son commerce avec Marianne, (sans aucun dessein de lui dire que ce commerce ne subsistoit plus,) Madame Lloïd se détermina à continuer la négociation. Lady Filmore avoit peine cependant à faire jouer ses batteries, jusqu'à ce que Léonore eût entierement recouvré ses forces ; à la vérité, de tems en tems, elle jetta quelques paroles à la traverse, comme de pitié pour cette pauvre fille qui s'étoit évanouie : un ou deux jours après, elle parut surprise de la raison de cet évanouissement ; & à mesure que Léonore devenoit plus forte, elle s'écria : Sûrement, il falloit que cette fille connût Stanley. Toutes ces choses dites avec adresse & jugement firent leur effet, & reveillerent Léonore. Car quoiqu'elle eût résolu en elle-même de l'oublier, elle ne pouvoit supporter l'idée qu'il pensât à d'autre qu'à elle ; & elle n'étoit point du tout contente de songer qu'il

pût ou voulût porter ſes vues ailleurs.
Elle ne put s'empêcher de raſſembler
diverſes circonſtances au ſujet de Marianne : car il n'y en avoit pas une ſeule
dont la babillarde Suſanne n'eût pris ſoin
de l'informer ; non qu'elle en eût reçu
ordre exprès de ſa maitreſſe ; mais elle
étoit ſi ſerviable, que, quand elle croyoit
pouvoir plaire à ſa Dame, en diſant quelque choſe à une tierce perſonne, elle ne
manquoit jamais de le faire, quoique
cette troiſiéme perſonne dût ſouffrir à
l'entendre, ainſi que Léonore faiſoit
certainement. Elle voulut quelquefois,
avec un peu plus d'aigreur qu'à l'ordinaire, la traiter d'impertinente & la faire
taire ; mais auſſi elle s'adouciſſoit & s'ap-
paiſoit ; & alors Suſanne continuoit, juſ-
ques-là que la douce Léonore étoit bien
aiſe du ſoulagement que ſes larmes lui
avoient cauſé. La fidelle ſuivante n'avoit
garde de cacher à ſa Dame aucune circonſtance de ſa conduite ; & Lady Filmore rediſoit le tout à Madame Lloïd,
qui commença à haïr tellement Stanley,
que, plutôt que de ſouffrir qu'il obtînt
Léonore, elle auroit mieux aimé conſentir que ſon fils ſe retranchât un peu

fur l'argent qu'elle avoit auparavant attendu de ce mariage. Son fils lui-même
étoit piqué au vif ; il avoit de l'affection pour Miff Filmore ; & fi fon fort
eût été de la poffléder, je ne doute pas
qu'il n'eût pu faire un mari complai-
fant & affectionné. Mais la foigneufe maman ne le laiffoit plus fortir vingt pas,
fans avoir un laquais à fes trouffes. On
dira peut-être, pourquoi le fouffroit-il ?
Je ne fçaurois répondre à cette queftion:
mais il y a des Dames de marque qui,
dès le moment qu'elles prennent un mari,
en jurant de lui obéir, ne laiffent pas, dès
ce moment même, d'affujettir ce même
Seigneur & Maître, à prêter à leurs volontés une obéiffance plus aveugle ,
qu'une efclave Morefque n'en a jamais
eu pour un Monarque Oriental ; elles
étendent cette tyrannie fur toute la famille, fils, filles, coufins, enfin fur tout
ce qu'il y a dans la maifon. Le jeune
Lloïd , quoique âgé de vingt-deux ou
vingt-trois ans, avoit été tellement rompu
au joug , qu'il n'avoit pas la moindre
penfée de s'en affranchir , quoiqu'il en
fût fort léfé. C'eût été dommage qu'il
eût eu jamais Léonore pour femme ;

I iv

ç'auroit été gâter un homme déja fait au manége, en le donnant à une perfonne qui n'auroit jamais cherché ni voulu commander à fon mari. Les vieilles Dames, paroiſſoient liées plus étroitement que jamais; & pour en apprendre davantage fur le compte de la petite Allemande, elles avoient envoyé chercher Miſtreſſ Trawly; & comme elle avoit nommé Miſtreſſ Mechelin, elles la firent venir auſſi.

Marianne, fuivant fa promeſſe, n'avoit jamais dit un feul mot de Léonore. Sa maitreſſe lui difoit quelquefois: Oui, oui, je vous l'ai bien dit; je ſçavois bien qu'il vous avoit quittée pour une autre: ne vous fiez jamais plus aux hommes. Je fuis bien étonnée; quelle eſt celle à qui il fait la cour maintenant? Dites-le moi, je vous prie. La pauvre Marianne répondoit toujours: En vérité, il n'a pris perfonne; mais ne me parlez plus de cela, je vous en prie. Une telle réponfe ne pouvoit guéres fatisfaire la vieille Marchande, qui, quoique fort bonne femme au fond, aimoit à ſçavoir toutes les circonſtances d'une affaire; & dans ces occaſions, elle reve-

noit toujours à la charge fur Marianne :
Que me dites vous là ? Bon , j'en fça-
vois bien davantage : ce garçon eſt maintenant engagé ailleurs ; je vous en réponds . . . . . Marianne alors ſoupiroit ,
laiſſoit couler une larme , & fermoit la
bouche ſans rien dire.

CHAPITRE XXI.

Une Hiftoire ne perd jamais à être racontée.

D'Après ces foupçons, & d'autres qui n'étoient pas éclaircis, & avec toute la connoiffance que Miftreff Mechelin avoit de la vérité des faits, il n'eft pas furprenant qu'elle dît à fes Dames, qu'après l'avoir débauchée en Allemagne, & l'avoir amenée ici, Stanley l'avoit renvoyée, & en avoit pris une autre. Ce *pris une autre*, étoit une énigme pour les Dames : elles fouhaitoient au fond du cœur, que le fait fût vrai, & la pauvre Miftreff Mechelin le croyoit réellement ainfi. A la vérité, elle avoit parlé de l'argent qu'il lui avoit donné ; mais les Dames n'y avoient pas fait beaucoup d'attention, & avoient renvoyé Miftreff Mechelin avec des politeffes furprenantes. Madame Lloïd la pria (car c'étoit chez elle que l'entre-vue s'étoit faite) de découvrir, s'il étoit poffible le nom de la femme avec qui il étoit en intrigue. Quand elles fu-

rent feules, Lady Filmore dit à la vérité , qu'elle ne pouvoit croire qu'il eût
maintenant une autre maitreffe : elle
craignoit plutôt , dit-elle , qu'il n'eût
quitté cette fille , à caufe de fon attachement pour Léonore. Bon ! bon !
s'écria Madame Lloïd , ne lui ai-je pas
demandé , fi elle étoit sûre qu'il en eût
pris une autre ? & fa réponfe n'a-t-elle
pas confirmé pofitivement le fait ? Il eft
facile de nous faire croire que ce que
nous defirons eft réellement vrai; auffi
Madame Lloïd n'eut-elle pas grande
peine à perfuader Lady Filmore , qui ,
en retournant chez elle , jugea qu'il étoit
tems de s'ouvrir de cette affaire avec
Léonore. Elle lui repréfenta donc avec
beaucoup de bon fens , & même d'un
ton affectueux, combien il eft dangereux
pour une jeune Demoifelle , de laiffer
prendre du pouvoir fur fon cœur à un
jeune homme , fur-tout quand il eft d'un
rang inférieur au fien. Enfuite elle lui
parla nettement de Stanley : elle convint de tout fon mérite , mais auffi
elle blâma fon peu de conduite fur l'article des femmes, fon peu de fincérité ,
fa hardieffe d'avoir ofé entretenir un

I vj

commerce criminel avec une créature, tandis qu'il proteſtoit d'avoir de l'amour pour elle, & beaucoup d'autres circonſtances aggravantes. La pauvre Léonore, preſque ſubjuguée par les diſcours de ſa grand'maman, étoit reſtée en ſilence, avec les levres tremblantes, juſqu'à ce qu'elle eût entendu ce dernier trait. Alors les larmes ſe firent jour malgré elle ; elle en répandit tant, que cette effuſion reſſembloit à un accès de vapeurs. La bonne Dame ſe repentit preſque d'en avoir tant dit ; mais Léonore étant revenue à elle, la vielle Dame continua à lui dire » qu'à la vérité, elle n'avoit ja-
» mais penſé que Stanley fût un parti
» ſortable pour ſa petite-fille, n'ayant
» ni naiſſance, ni une fortune conſidé-
» rable ; que cependant elle auroit pu
» l'excuſer de penſer à lui, tant que ſon
» affection ſembloit demander du retour
» de ſa part. Pour le préſent, dit-elle,
» vous voyez que ſon amour n'étoit rien
» qu'affectation ; il a trahi le Lord Bel-
» font, ſon ami, qui lui avoit rendu
» ſervice ; il vous en a indignement im-
» poſé, à vous qui aviez de l'eſtime
» pour lui ; ſûrement, mon enfant,

» vous ne pouvez plus penser à lui ; vous
» ne le devez pas absolument, ma chere.»
Non, ma chere maman, dit l'aimable
Léonore toute en pleurs, non, je n'y
penserai plus ; & même, je puis dire
que je n'y ai point pensé ; car sûrement,
je n'avois aucune raison même d'avoir
bonne opinion de lui ; & si j'en ai conçu,
c'est parce que je vous ai entendu dire
qu'il étoit devenu rangé, & qu'il avoit
abandonné ses mauvaises allures. Comment peut-il donc être devenu si méchant ? Lady Filmore ne fut pas trop
contente de cette réflexion. Elle pour-
suivit néanmoins son discours, & offrit à
Léonore de lui faire venir Miftress Mechelin ; mais Léonore ne vouloit pas
accepter la proposition. Milady insista
un peu trop sur ce qu'il avoit abandonné
& laissé sur le pavé, une pauvre misérable qui avoit quitté son pays & ses
amis pour l'amour de lui. Elle ne crut
pas, quelqu'amour qu'elle eût pour la
vérité, devoir lui dire le présent qu'il
avoit fait à cette fille. Léonore ne sçut
qu'en dire ni qu'en croire. Elle auroit
souhaité penser George incapable de la
tromper ; mais les preuves lui sembloient

trop fortes pour être détruites. Rien ne choque tant notre vanité, que de voir notre jugement contredit par la mauvaise conduite d'une personne dont nous attendions les plus excellentes choses, même dans les cas ordinaires de la vie; mais se trouver trompée par celui dont on avoit jugé favorablement, au point de le croire digne de foi, c'est le comble du contre-tems. Ainsi la douce Léonore fut agitée & tourmentée au-de-là de tout ce qu'on peut imaginer. Tantôt elle vouloit pleurer; elle soupiroit, puis séchoit ses larmes, & demandoit pardon à sa bonne maman, de l'avoir contredite si long-tems; ensuite elle se mettoit de nouveau à pleurer : puis elle étoit résolue d'examiner plus loin; cependant la chose n'é-toit que trop claire : puis elle vouloit faire tout ce qui plairoit à Milady; enfin elle retomboit sur son siége, pleuroit & se plaignoit de son sort, enfin elle se leva, & dit qu'elle vouloit écrire à Miss Stanley, & lui déclarer que son frere n'avoit aucun droit sur elle. La vieille Dame l'arrêta tout-à-coup, & lui dit froidement : Comment ! ma chere, je crois que ce seroit lui faire trop d'hon-

neur, & fortir un peu de votre dignité ;
ce feroit convenir que vous avez eu autrefois quelques égards pour lui : vous
feriez peut-être mieux de ne point prendre ce parti. Cependant elle le voulut ,
& mettant la main à la plume , elle
écrivit deux mots ; puis déchira le papier ; elle récrivit encore , & n'en fut
pas plus contente ; enfin elle effaya une
troifième fois avec auffi peu de fuccès.

La vieille Dame apperçut fans doute
quelque petite altération dans l'efprit de
la jeune Miff, & lui dit: Ma chere Léonore, je ne fuis pas furprife de vous voir troublée ; votre reffentiment eft jufte ; dans
l'embarras ou vous êtes , vous ne pouvez pas écrire : donnez-moi la plume ,
j'écrirai la lettre & vous la copierez.
Léonore fe leva fans lui répondre , &
s'abandonna aux larmes , tandis que la
vieille Dame écrivit ce qui fuit.

MA CHERE MISS STANLEY ,

» Je connois fi bien votre amitié pour
» moi , que je crois pouvoir y compter
» en toute occafion : ainfi je vous prie
» de brûler toutes les lettres que vous

» avez reçues de moi. Si j'ai eu autre-
» fois quelques idées pour un certain
» jeune homme, un peu plus favorables
» que vous ne m'aviez conseillé, j'ai
» ouvert enfin les yeux ; je ne penſe plus
» à lui, & il ne doit plus penſer davan-
» tage à moi. Ce n'eſt pas que je pré-
» tende avoir aucun droit de lui com-
» mander, car en vérité, il m'eſt fort in-
» différent qu'il y penſe ou non ; & s'il
» a quelques ſentimens d'honneur, quand
» il ſçaura que je ſuis déterminée à obéir
» en tout à ma grand'maman, & que
» je lui obéis ſans aucune répugnance,
» il ne m'importunera pas davantage.
» Pardonnez - moi, ſi je vous dis que je
» n'attends point de réponſe , quoique
» je ſois toujours votre amie ſincere,

Leonore Filmore.

La vieille Dame préſumoit beaucoup
d'elle-même, en comptant que ſa petite-
fille promettroit de lui obéir ; & ſe tournant vers elle : Ma chere , dit-elle, je
crois que cela eſt bien ainſi , quoique
c'eſt lui faire beaucoup d'honneur. Oui,
ma bonne maman , répondit la belle affligée, je le crois : peut-être même ſeroit-

il encore mieux de ne point l'envoyer du tout. Mais la Douairiere lui dit, en fronçant les sourcils : Comment, Miss ! suis-je donc votre jouet ? Vous me faites écrire ; & puis, zeste, vous changez d'avis. Allons, Mademoiselle, transcrivez cette lettre. Léonore fut effrayée & obéit. Quand elle eut fini, que n'auroit-elle pas donné pour oser la déchirer ? La vieille Dame la relut & y corrigea bien une vingtaine de fautes, quoiqu'il n'y eût peut-être pas une seule femme en Angleterre qui écrivît plus correctement que Miss Filmore. Elle lui dit ensuite de la plier & de la cacheter. Tandis que la Douairiere regardoit dans la rue, Léonore ne put s'empêcher d'ajoûter : Ah ! Fanny, si votre frere ne m'eût pas trompée indignement, jamais je n'aurois...... La vieille Dame se retournant, Miss ne put rien ajoûter de plus. Un domestique fut chargé de porter la lettre à la Ville, & Milady continua à déclamer contre Stanley, & indisposa tellement Léonore contre lui, que, par un pur mouvement de vengeance, elle descendit volontiers pour faire compagnie à Lloïd, qui venoit d'arriver & de se faire annoncer.

George qui fe trouvoit dans ce moment chez fon pere, eut la mortification de lire la lettre de Léonore : le peu de mots qui étoient à la fin, lui firent voir clairement que quelqu'un avoit indifpofé Léonore par de faux rapports à fon préjudice ; mais il ne put pas y répondre, parce que le domeftique avoit obéi ponctuellement à fa vieille maitreffe, en laiffant la lettre, & s'en allant auffi-tôt.

Stanley réfolut de recourir à fon ancienne amie, Miftreff Slim ; mais hélas ! en allant chez elle, il lui furvint un petit accident qui, malheureufement, l'empêcha d'aller plus avant, du moins avec la promptitude que defireroit un homme jaloux de fon honneur, & un amant épris de fa maitreffe jufqu'à la folie : & cet accident n'eft autre chofe finon qu'il fut arrêté.

Le lecteur peut fe rappeller le digne Monfieur Blueball, à qui notre Héros, dans ce moment fi peu de faifon, fe trouvoit débiteur d'une fomme confidérable. Les termes étoient expirés depuis deux jours ; & fon ami Sourgrape, qui avoit promis d'acquitter la dette, n'étoit pas encore revenu à la Ville. Dans tout autre tems, George n'auroit pas été si imprudent que de faire réfiſtance ; mais il ne put ſouffrir de ſe voir arrêter dans un moment ſi critique. Cependant toute ſa réſiſtance fut vaine : car n'ayant pas même un bâton pour ſe défendre, il fut faiſi dans un inſtant, mis hors de combat, & mené, par le Commandant de la brigade, dans la maiſon même d'où il avoit tiré depuis peu le pauvre Monſieur Aprice.

CHAPITRE XXII.

C'eſt bon tems pour un lâche de ſaiſir un homme, quand il va à une affaire d'amour ; car il conſent à tout.

JAMAIS homme n'eut l'eſprit plus agité que Stanley : cependant la diſgrace de ſe voir arrêté, l'impoſſibilité de payer la dette, ſans que ſon pere en eût connoiſſance, la honte d'en faire l'aveu à ſon pere, l'incertitude ſi ſon pere feroit d'humeur de le tirer d'embarras ; tout cela n'étoit rien encore en comparaiſon de la ſeule réflexion, que cela mettoit obſtacle au ſuccès de ſon amour... Que faire ? De quel côté ſe tourner ? Quel parti prendre ? Il ne le ſçavoit pas. Il avoit été arrêté dans une petite rue détournée ; c'étoit une circonſtance heureuſe, s'il eût eu alors quelque inquiétude pour la perte de ſon crédit ; puiſque ſon affront n'étoit pas ſi public. Mais, mortels foibles & bornés que nous ſommes ! ſouvent nous prenons pour des effets du hafard, ce qui n'en eft pas. Ces drôles avoient eu leurs ordres pour le guetter loin de chez fon pere, & pour le faifir quand il pafferoit par quelque chemin détourné & obfcur. Il envoya chercher fon ami Martin ; mais le commiffionnaire ne put pas le découvrir, par une raifon fimple, c'eft qu'il ne fe donna pas la peine d'y aller.

Il appella encore le domeftique, lui dit d'aller ici, d'aller là, & enfin partout, & de ne pas revenir fans avoir remis fon billet au Capitaine Martin. Le garçon dit à fon retour, qu'il avoit remis le billet, que ce Monfieur avoit répondu qu'il étoit engagé & ne pouvoit pas venir. Vous mentez, drôle, s'écria Stanley, & en même tems, il voulut le frapper. Le drôle fut affez prefte pour efquiver le coup ; & quand il fut hors de la portée de fon bras, il affura avec jurement ce qu'il lui avoit dit. Stanley pétrifié d'étonnement & de furprife, s'abandonna au plus violent chagrin. Sa maitreffe avoit été trompée, avoit conçu des foupçons injurieux contre fon honneur ; & maintenant qu'il defiroit fur toutes chofes de la convaincre de son innocence ; quand chaque moment où elle persistoit à avoir ces soupçons, le mettoit de plus en plus en danger de la perdre pour toujours ; dans un tems où il comptoit sur un ami , dont il espéroit que le zèle suffiroit pour mettre sa réputation à couvert , trouver cet ami faux , entrevoir seulement des raisons de le soupçonner , étoit pour lui un surcroît de chagrin, tel qu'il en perdoit presque la tête. Quoique le domestique eût juré que Martin avoit refusé de venir, il n'en étoit rien au fond. Car le Bailli lui avoit dicté ce langage ; & quoiqu'il fût d'humeur de laisser payer à Stanley , tant & si souvent de commissions qu'il voudroit , il avoit pourtant soin , que le porteur de dépêches fût toujours un de ses recors. En un mot, il avoit résolu de jouer le rôle de tous les amis à qui Stanley envoyoit des lettres ou des messages. En conséquence , on les lui apportoit toutes , & c'étoit lui qui rendoit les réponses.

Stanley étoit presque hors de lui-même de se voir ainsi abandonné : quand, vers le soir, Blueball vint lui rendre visite. Serviteur , serviteur, jeune homme, lui dit ce misérable. Stanley , piqué au vif comme il l'étoit, ne sçavoit comment se conduire avec ce coquin. S'il eût suivi son inclination , il l'auroit accablé d'injures & d'exécrations ; mais la raison ayant pris le dessus sur sa colere, il reçut poliment ce malheureux qu'il détestoit, lui offrit telle obligation, telle sûreté, & pour telle somme qu'il voudroit, pourvû qu'il le relâchât. Oui, oui, répondit l'usurier, c'est justement comme je l'ai dit ; vous autres jeunes gens , quand une fois vous avez obtenu tout ce que vous avez voulu de nous , & que nous avons été assez dupes pour donner notre argent, vous courez bien vîte , & vous ne songeriez jamais à nous payer. Quoi ! ne vous ai-je pas donné un mois de grace ? Ne vous ai-je pas averti un mois avant votre échéance ? N'ai-je pas été chez vous le jour que vous deviez me payer ? Ne m'avez vous pas dit : Accordez-moi encore quelques jours ; mon ami M. Sourgrape sera de retour, & fournira la somme ? Tout cela n'est-il pas vrai ? George grinçoit les dents de rage. Tout ce que l'usurier venoit de dire étoit vrai ; cependant il n'en étoit pas moins un co-

quin & un traître, quoiqu'il s'appuyât
fur des vérités. Blueball continua à parler
avec une impudence extrême : Eh! bien
donc, ajoûta-t-il, pouvez-vous me blâmer ? Non, Monfieur, répondit Stanley,
je ne blâme perfonne ; laiffez-moi fortir
feulement pour deux heures, & je vous
aurai la plus grande obligation. Je figne-
rai toutes les obligations du monde ; je
ferai tout ce que vous voudrez. J'ai une
affaire abfolument preffante : laiffez-moi
aller du moins pour une heure ; je revien-
drai ; regardez-moi comme un infâme,
fi j'y manque : & moi pour un fol, fi je
le fais, répondit le vieux avare en rica-
nant. Non, non, de vieux oifeaux ne
fe prennent pas avec du fon. En effet,
quoique Stanley trouvât de la dureté à
ne pas fe fier à lui, il eft fûr que Blueball
eût agi d'une maniere très-peu confé-
quente, de laiffer échapper de fes mains
fon débiteur. George commençoit à fe
mettre en fureur ; mais fon créancier
l'arrêta, en difant : Eh! bien, voyons ; je
fuis venu pour vous rendre fervice. Si
cela ne vous plaît pas, n'en parlons plus,
tout eft dit. Comment! fi cela ne me
plaît pas : Oui, parbleu ! je le veux

bien

bien ; fixez à quelle condition je puis obtenir ce foir ma liberté. Je foufcrirai à tout. Faites ce que vous voudrez ; je fuis venu pour vous dire que votre ami Sourgrape eft de retour à la Ville : je l'ai vu arriver cette après-dînée. Maintenant vous pouvez fçavoir s'il veut vous prêter de l'argent ou vous cautionner : car Sourgrape eft un très-honnête homme : oui , je le recevrai pour caution. Stanley pénétré de joye, refta en extafe , en apprenant que Sourgrape étoit revenu. Il fe crut affuré d'être bien tôt relâché : ainfi il envoya fans délai chercher cet ami ; & comme un ami , Sourgrape vint le trouver auffi fans retardement.

Si Stanley fut ravi de le voir, lui de fon côté, ne fut pas en refte, & marqua autant de regret que Stanley ; de le trouver dans un tel endroit. Son amitié même alla fi loin, qu'il invectiva Blueball de fon extrême ponctualité. N'auriezvous pas pu attendre encore quinze jours ou trois femaines? Je ferois alors en fonds, & tout ce que j'aurois, feroit bien au fervice de mon ami que voilà. Oh combien Stanley ne fut il pas enchanté de trouver

II. *Partie.* K

un si bon ami ! il le remercia beaucoup,
l'embrassa avec des transports de reconnoissance , & ensuite le pria de vouloir
bien le cautionner. Pour ce qui est de
cautionner , dit - il , voyez-vous , Monsieur Stanley , si j'avois de l'argent , parbleu ! Monsieur George Stanley n'en manqueroit pas ; mais pour me rendre caution..... j'en ai juré..... oui , en vérité ,
j'ai fait serment..... je ne cautionnerois
pas mon pere. Et en effet , si son pere se
fût trouvé dans l'embarras , il est sûr que
Sourgrape auroit tenu sa parole. Inutilement Stanley allégua qu'il avoit une
affaire importante , & insista sur la nécessité indispensable dont elle étoit , &
la diligence qu'elle demandoit , pour
obtenir sa liberté ce soir. Blueball ne
voulut pas le laisser sortir sans caution ;
& Sourgrape tint religieusement sa parole de ne pas le cautionner. Stanley étoit
choqué de voir son ami si opiniâtre :
mais cet ami lui dit : Ma foi, je suis fâché
d'avoir fait ce maudit serment : oui , en
vérité , je le suis , pour l'amour de vous.
Mais aussi quand un homme à juré , il
est obligé de garder son serment ; vous
le sçavez vous-même qu'il le faut ; d'ail-

leurs, j'ai tant perdu..... Mais n'avez-vous pas quelque ami à envoyer chercher ? Où est maintenant votre Capitaine ? Là..... comment l'appellez - vous ? Le Capitaine Martin ? Hélas ! répondit l'infortuné Stanley, tout le monde m'a abandonné. Cela n'est pas possible ! non sûrement, s'écria Sourgrape. Il parut fort irrité en apprenant que Martin avoit refusé de venir , & déclama beaucoup contre les faux amis. Il commençoit à étre tard ; George offroit toujours de consentir à ce qu'on voudroit. Blueball persistoit à vouloir de l'argent ou une caution, & Sourgrape à tenir son serment : enfin il arriva par un pur hasard , je le suppose , que Blueball s'écria , comme s'il lui fût venu tout d'un coup une bonne idée. A propos , quand j'y pense....., En vérité, j'ai pitié de ce jeune homme , & je pancherois fort à le laisser sortir : mais je ne croirois jamais pouvoir prospérer , si je relâchois un homme sans me payer , quand une fois il est entre mes mains. Eh ! bien , Monsieur , répliqua vivement George , voyons ce que vous avez à proposer. Soit ce que se voudra , pourvu que cela me mette en liberté.....

K ij

Un profond foupir, & un regard vers le Ciel, fut tout ce qu'il put ajoûter. Sourgrape qui connoiffoit fa fituation, devina qu'il étoit tems d'agir, & fit un figne à Blueball, qui continua ainfi. Ce n'eft pas la premiere fois que Monfieur Sourgrape a fouffert de fon bon naturel. Parbleu ! dit Sourgrape, je n'ai été que trop fouvent dans le cas. En effet, Monfieur, continua Blueball, vous avez raifon d'être foigneux de vos affaires ; mais fi j'avois maintenant trouvé un moyen de fatisfaire toutes les parties.... Achevez, je vous prie, s'écria George, & ne nous tenez pas en fufpens. Donnez - moi feulement la liberté ce foir, & j'accorde tout, abfolument tout. Non, non, Monfieur, je ne demande rien que ce qui m'appartient ; c'eft pour votre avantage que je parle, jeune homme. Parlez donc, s'écria George ; & l'autre continuant ; eh ! bien, vous fçavez que votre pere a acheté un bien dans le Comté de Warwick : fi vous cediez à Monfieur Sourgrape les prétentions que vous y aurez, peut-être Monfieur fe détermineroit-il à fe porter caution pour vous. Stanley, malgré fon aveuglement, commença à fentir à quel point il avoit été dupe de ces gens-là. Il étoit déja trop tard pour rien faire ce foir, quand même il auroit été en liberté. Cependant le defir de n'avoir plus cet obftacle, & de pouvoir fe difculper auprès de Léonore, le fit confentir volontairement, & les yeux ouverts, à tout ce qu'on exigeoit. Son ami Sourgrape, répondit à la propofi-tion de Blueball. Quoique je ne vou-drois pas répondre pour perfonne, je ferois bien aife de fervir mon ami Mon-fieur Stanley. Mais qu'entendez-vous, Monfieur Blueball, par m'abandonner fes droits ? Penfez-vous que je fois un ufurier comme vous, pour propofer de me tranfporter fes prétentions, comme une sûreté pour être fa caution ? fçavez-vous bien, vieux avare, que fes droits fur ce bien valent plus de dix fois la bagatelle qu'il vous doit ? Eh ! bien, Monfieur Sourgrape, ce n'eft qu'une propofition que je faifois : puifqu'elle ne vous plaît pas, je vous fouhaite le bon foir, dit l'ufurier : & en même tems, il fit mine de s'en aller. Stanley renou-vella fes inftances auprès de Sourgrape, qui refta inébranlablement attaché à fon

K iij

ferment. Mon cher Stanley , je vous aime, lui dit-il : oui, ma foi , je vous aime : & je prêterois cet argent, si je l'avois. Mais voyons , Monsieur Blueball, ne prendriez-vous pas bien une obligation de moi ? .... Oui, oui, interrompit l'autre , je vous confierois bien plusieurs mille livres sur votre billet. Éh ! bien , Monsieur Blueball , puisque vous avez si bonne opinion de moi , dites-moi , je vous prie, de quelle somme vous pouvez disposer. Mais, dit l'autre , si vous en avez besoin , je crois que vous pourrez me demander jusqu'à quatre mille livres sterling ou environ. Quatre mille livres ! répéta Sourgrape ; ce n'est pas assez..... Voyons..... & il fit semblant de calculer.... sept mille livres.... Puis se tournant vers Stanley : George , lui dit-il, je voudrois bien vous servir : je sçais que vos affaires demandent de l'argent comptant. Si vous étiez en fonds pour le présent , vous pourriez épouser la Demoiselle malgré eux tous , & vivre joliment, jusqu'à la mort du vieux Scrape ; & alors vous sçavez que votre femme doit vous apporter une jolie fortune. George étoit attentif , & son ami continua. Or , quelque amitié que j'aie pour vous, mon cher enfant, il eſt pourtant à propos de prendre mes ſûretés. Puiſque Monſieur Blueball en a parlé, ſi vous avez envie de vendre vos prétentions, je vous en donnerai un bon prix, quoique je me mette par-là dans la néceſſité d'emprunter & de payer cinq pour cent d'intérêt. Il dit qu'il peut me prêter quatre mille livres. Je penſe connoître le prix des choſes tout auſſi bien qu'un autre, & ſur ma foi, George, j'aimerois mieux perdre un peu du mien, que de faire tort à un ami ; cela vaut environ ſept cents livres de plus. Je vous paierai comptant les quatre mille livres demain matin ; je prendrai votre dette ſur mon compte, & je vous ferai mon billet du reſtant payable dans huit jours. George n'étoit pas aſſez ignorant pour ne pas voir clairement que Sourgrape le trompoit groſſierement ; cependant la facilité d'avoir entre ſes mains une telle ſomme, étoit une grande tentation. D'ailleurs, l'idée que Sourgrape lui avoit fait naître d'obtenir bien-tôt ſa Léonore, & de poſſéder une grande fortune à la mort de Scrape, malgré tous les obſtacles dont il n'étoit

que trop bien inſtruit , ne laiſſoit pas
d'avoir un certain poids dans l'eſprit de
Stanley , qui, ſans beaucoup héſiter, s'ac-
corda à tout ce qu'on lui avoit propoſé ,
pourvu qu'on lui donnât ſur le champ
ſon élargiſſement.

Sourgrape qui connoiſſoit le caractere
de Stanley, & ſon génie, s'étoit attendu
à réuſſir par ſurpriſe , en l'éblouiſſant
par une bonne ſomme, dans un tems où
il ſe trouvoit dans la détreſſe ; il avoit
préparé toutes choſes , de maniere que
l'affaire pût être conclue , & que le bien
lui fût aſſuré , avant que Stanley eût eu
le tems de ſe reconnoître.

Si-tôt qu'ils eurent arrêté ces conven-
tions , ils ſe diſpoſoient à aller enſemble
dans une taverne pour ſigner & terminer,
lorſqu'un petit accident fit tout d'un
coup perdre à ces vautours leur proie ,
& ſauva Stanley de ſa ruine.

CHAPITRE XXIII.

Les vieilles gens prennent d'étranges idées des Maitresses de leurs Fils.

QUOIQUE Stanley eût été arrêté dans un endroit peu fréquenté, & que sa résistance eût été très-peu de chose & sans aucun succès, tout cela n'avoit pu se faire sans qu'on s'en fût apperçu. La nouvelle ne tarda pas beaucoup à venir aux oreilles de sa sœur, qui étoit fort embarrassée de ce qu'elle devoit faire, & de la conduite qu'elle devoit tenir. En parler à Monsieur ou Madame Stanley, c'eût été sûrement les chagriner, & peut-être désobliger son frere, qui pouvoit obtenir son élargissement sans leur en donner connoissance. Martin étant survenu, elle conclut que Martin étoit le premier que George avoit envoyé chercher; mais appercevant à certaines questions qu'il lui fit, qu'il n'en avoit réellement rien sçu, elle lui répéta ce qu'elle avoit entendu dire. Ce digne jeune homme n'eut pas befoin de fes prieres pour voler au fecours de fon ami : mais comment découvrir le lieu de fa détention ? ce fut la plus grande difficulté. Il n'y avoit eu aucun meffage chez lui, ni dans aucun des lieux qu'il fréquentoit ; car Martin alla lui-même ou envoya du monde par-tout. Cela l'inquiettoit. Il n'ofoit pas faire des perquifitions ouvertement, de crainte de publier la difgrace de fon ami, & encore de faire parvenir la nouvelle de cette affaire à la connoiffance de fon pere. Cependant il n'eut pas de repos, qu'il n'eût découvert où étoit George, & ce ne fut qu'à près de minuit qu'il le trouva. D'abord il rencontra un des hommes mêmes qui l'avoient arrêté, à qui on avoit fait la leçon, & qui n'avoit guères envie de déclarer où étoit Stanley. Il avoua qu'il avoit arrêté ce jour-là deux ou trois perfonnes, mais qu'il ne fçavoit le nom d'aucun d'eux ; en conféquence, il mena M. Martin, pour le dépayfer, dans trois ou quatre endroits où il fçavoit que Stanley n'étoit pas ; & à la fin, dit qu'affurément on l'avoit mal informé; car il n'avoit vu d'autre perfonne ce jour-

là. Il le lui assura si positivement , que
Martin commençoit à le croire ; mais
comme il lui échappa qu'il donneroit bien
une guinée pour découvrir où étoit son
ami , cela rafraîchit la mémoire de cet
homme , qui lui déclara le tout , l'avertit en même tems qu'il pouvoit se dis-
penser d'y aller , parce qu'on le lui cé-
leroit. Martin songea d'abord à se mu-
nir d'une Ordonnance contre le Bailli ;
mais cette voie auroit fait découvrir le
donneur d'avis, qui lui suggéra un moyen
beaucoup plus facile. Allez-y , dit - il ,
ne demandez personne , mais dites que
vous voulez parler à M. Blueball , comme si vous sçaviez qu'il y est ; car ils s'y
rassemblent tous chaque soir. Tous ! s'écria
Martin , qui donc ? Blueball & Sourgrape , dit le Recors ; peut-être n'y sont-
ils plus actuellement. Il n'en fallut pas
davantage pour faire soupçonner à Martin quelque coquinerie. Il suivit ce conseil , & fut tout d'un coup introduit dans
une petite salle , où Blueball vint le
trouver. Que voulez-vous de moi, Monsieur , lui demanda - t - il ? Martin lui
répondit brusquement : Ce n'est point à
vous que j'ai affaire , mais à Monsieur

Stanley. Faites-le moi voir fur le champ.
Le Geolier étoit venu lui - même avec
Blueball , & demanda rudement : Qui ?
Stanley ? Il n'y a perfonne ici de ce nom :
je fuis le maître de la maifon & ne m'appelle pas Stanley. Le Capitaine répondit
froidement , mais d'un ton réfolu : Vous
avez arrêté aujourd'hui M. George Stanley , à la requête d'un nommé Blueball.
Je crois que c'eft cet homme : maintenant , Monfieur, refufez de me le faire
voir, fi vous l'ofez ; en même tems , il
s'avança vers la chambre d'où Blueball
étoit forti. Ces deux drôles fe regar-
doient l'un l'autre , tandis que Martin
ouvroit la porte de la chambre , où il
trouva fon ami , avec un Procureur &
Sourgrape. Les deux autres le fuivirent.
Cette vifite ne fut agréable pour aucun
de la compagnie : elle ne plut ni à Sourgrape & fa fuite , qui appréhendoient
qu'il ne vînt leur enlever leur proie ; ni
même à George , qui croyoit que Martin en avoit mal agi , en ne venant pas
plutôt. Quand ce dernier lui dit : Enfin,
je vous ai donc trouvé, & voulut courir
à lui pour l'embraffer ; Stanley fe recula
en difant : Si vous euffiez bien voulu,

Monſieur, vous m'auriez trouvé plutôt : mais vous aviez d'autres engagemens. Parbleu ! répliqua Martin, les coquins qui vous ont dit cela, ont menti impudemment. Si vous m'avez envoyé quelqu'un, il n'eſt point venu, je n'ai vu perſonne. Je vous ai découvert par haſard ; & à mon arrivée ici, ce drôle à nié que vous y fuſſiez. O mon ami ! que je ſuis fâché de vous voir au milieu de pareils coquins ! Stanley convaincu de la vérité, embraſſa ſon digne ami, non ſans un peu de confuſion, & lui dit alors ce qu'il étoit ſur le point de faire. Martin fut ſurpris ; car il n'avoit jamais entendu parler des trois cents dernieres livres. Il n'étoit pas tems de diſcuter cela pour lors. Il le pria ſeulement de ne pas conſentir à leurs projets indignes, & d'attendre juſqu'au lendemain, qu'on pourroit lever toutes les difficultés. Stanley céda. Sourgrape commença à jurer, Martin le regarda ſans rien dire. Quoique Sourgrape ne fût pas lâche, il y a toujours quelque choſe de ſi impoſant dans le reſſentiment d'un honnête homme qui a du courage, qu'un coquin en eſt tout d'un coup abattu : c'eſt ce qui arriva ici. Tous ces

dróles fortirent en filence , & laifferent
les deux amis enfemble.

Ils ne furent pas plutôt dehors, que
Stanley expliqua à Martin le véritable
état de fes affaires : fur toutes chofes,
il lui dit à quel point on avoit indifpofé
Léonore contre lui , & combien il avoit
d'impatience de la détromper. Le Capitaine vit qu'il étoit néceffaire de lui promettre fon affiftance , & fur-tout de détruire tous les foupçons qu'on avoit ré-
pandus contre l'honneur de fon ami.
Cependant il perfuada à Stanley de fe
tourner du côté de fon pere , à qui Martin fe chargea de déclarer l'affaire.

Malheureufement, le moment n'étoit
pas favorable pour réfoudre le bon vieillard à pardonner les extravagances de
fon fils. Miftreff Mechelin, pour être
en état de donner à Madame Lloïd un
détail , qu'elle fçavoit que cette Dame
defiroit d'entendre , s'étoit maintenant
fatisfaite elle-même, en faifant des re-
cherches fur la vie de Stanley au Temple & aux environs ; mais trouvant qu'il
n'y avoit jamais eu aucune maitreffe, elle
étoit allée à la Ville , voir fi elle pourroit lui en découvrir quelqu'une. Elle

n'avoit pas fait fes perquifitions bien fe-crettement ; & pour engager les autres à lui dire ce qu'ils fçavoient ou ne fçavoient pas , elle ne cachoit pas elle-même ce qu'elle en fçavoit. Or l'hiftoire de la fille Allemande n'étoit pas inconnue ; elle étoit parvenue aux oreilles de Mon-fieur & de Madame Stanley , finon dans fon entier, du moins en partie. Tout ce qu'ils avoient ouï dire, étoit que George vivoit avec une femme , & pour une feule fois , il lui avoit donné deux cents livres. Cela avoit fort chagriné ces bon-nes gens, qui aimoient leur fils avec la plus grande tendreffe. Ils lui avoient paffé fes premieres extravagances, com-me des coups de jeuneffe , & s'atten-doient du moins que l'expérience l'au-roit rendu plus fage. Mais le trouver actuellement plus abandonné que jamais, c'étoit pour eux un fujet de chagrin violent.

Or il y a certaines qualités qu'un pere eft fort difpofé à attribuer naturellement à une femme qui vit avec fon fils , telles que la licence , l'impudicité , la fcélé-rateffe , la perfidie , la diffimulation , la prodigalité , & autres iniquités de cette espèce. Allez lui dire qu'une femme peut avoir renoncé à une vertu, sans pour cela les avoir perdu toutes ; ces bons vieillards perdent patience. Dans le fait, ils ont rarement tort ; ainsi malgré les vertus que Marianne possédoit réellement, nous ne devons pas condamner Monsieur Stanley d'avoir cru qu'il n'y avoit plus d'espoir de rappeller son fils à ses devoirs, puisqu'il le jugeoit lié avec une femme qui avoit eu assez d'art, pour lui tirer tout à la fois une somme de deux cents livres sterling. Car il n'avoit jamais été informé de ce qui avoit occasionné ce présent.

Monsieur Stanley étoit absorbé dans de tristes réflexions sur ce sujet désagréable, quand le Capitaine Martin vint le trouver. La demande de cinq cents livres seulement le rendit furieux. Il n'en voulut pas entendre parler ; il dit qu'il n'ignoroit pas que le jeune homme étoit dans le train de se ruiner; mais qu'il prendroit garde qu'il n'en ruinât d'autres. A ces mots, il quitta le Capitaine & sortit de la chambre.

Cependant Martin ne douta point que le vieillard ne se laissât gagner avec

le tems. Il sçavoit que George impa-
tient de se voir en liberté , pour prou-
ver son innocence à sa maitresse , ne
souffriroit qu'avec peine aucun délai ;
dans l'espérance de lui apporter quelque bonne nouvelle, il alla voir Mistress
Slim , & la pria de porter à Léonore
une lettre que Stanley lui avoit écrite :
mais soit que cette bonne femme fît scru-
pule d'une démarche qui pouvoit contribuer à corrompre une jeune Demoiselle , ou , ce qui est plus probable ,
qu'elle ne voulût pas laisser connoître
à un tiers ses bonnes dispositions , en se
chargeant d'une lettre ou autre message
semblable ; ou , ce qui n'est pas impossi-
ble, qu'elle eût entendu dire que Stanley étoit arrêté pour une forte dette , &
qu'ainsi elle n'espéroit plus de présens
de thé , d'évantails, de pièces de toile ,
de coeffures, de manchettes., & autres
jolies choses semblables , dont George
avoit coutume de récompenser les messages qu'elle lui apportoit de tems en
tems , elle refusa tout net Monsieur
Martin. Celui-ci , résolu de ne point retourner , sans porter à son ami quelque
bonne nouvelle , entreprit une démar-

che digne de son amitié. Le Lecteur verra ce que c'étoit dans le chapitre suivant.

CHAPITRE XXIV.

La force de la véritable amitié.

QUOIQUE Léonore, dans la lettre qu'elle n'avoit fait que copier, eût défendu de lui faire réponse, elle n'auroit pas été fâchée d'en recevoir une, & d'après les trois mots qu'elle y avoit ajoûtés, elle s'attendoit que Stanley lui auroit écrit. Tout le jour & la soirée se passerent, & point de lettre, point de message, point de nouvelles de Stanley. Si cela ne lui fit pas prendre une idée moins favorable de Stanley, elle l'eut bien moindre d'elle-même, d'avoir conçu une si haute opinion d'un homme qui prenoit si peu de peine pour se justifier, supposé qu'il fût innocent ; ce dont, à la vérité, elle commençoit beaucoup à douter. Le lendemain matin, elle fut convaincue qu'il étoit coupable ; car le vieux Monſieur Stanley , rempli de tous les rapports qu'on lui avoit faits de la vie libertine de ſon fils , de ſon extravagance , & de ſes liaiſons criminelles avec une femme dont il avoit la plus mauvaiſe opinion , d'ailleurs inſtruit par ſa femme des inquiétudes que les prétentions de George ſur Miſſ Filmore avoient données à ſa grand'mere , & connoiſſant auſſi le mérite de ces deux Dames , crut que c'étoit de ſon devoir (car il avoit réellement la conſcience très - ſcrupuleuſe) d'effacer autant qu'il ſeroit en lui , les impreſſions que ſon fils pouvoit avoir pour Léonore. Il s'en alla de ce pas chez Lady Filmore , qui fut d'autant plus ſurpriſe de recevoir ſa viſite , qu'à peine étoit-il allé une fois la voir , dans le tems qu'elle étoit liée le plus intimement avec ſa femme. Il étoit au haut de l'eſcalier , & Lady Filmore avoit déja fait ſigne à Léonore de ſe retirer ; mais il étoit à la porte préciſément comme elle ſortoit , & la prenant doucement par la main , il la fit rentrer , en diſant: Mademoiſelle , c'eſt à vous principalement que j'ai affaire : puis voyant Lady Filmore un peu déconcertée , il ajoûta :

Ne foyez point offenfée, Madame, contre le malheureux pere d'un miférable, qui a trompé le monde, & moi tout le premier. Les larmes couperent la parole à ce pauvre vieillard ; & la Dame qu'un pareil début avoit un peu adoucie, le pria ainfi de continuer : Mon Dieu ! Monfieur Stanley, on a toujours fi bien parlé de votre fils ! qu'y a - t - il donc ? Quelque petit tour de jeuneffe ? rien de plus, je l'efpere. Madame, répliqua-t-il, en un mot, c'eft un homme perdu ! une malheureufe libertine s'en eft tellement emparée, qu'il n'y a plus d'efpérance. Cependant, Madame, vous fçavez combien ce jeune homme promettoit ; & plût à Dieu que je puiffe encore en dire autant ! mais on dit qu'il avoit conçu des fentimens particuliers pour Mademoifelle : c'eft ce que je ne puis jamais pardonner. Il eft de mon devoir, Mefdames , de vous informer qu'il eft fubjugué par une libertine, qui a tiré de lui, en une feule fois , deux cents guinées ; actuellement il eft arrêté pour cinq cents autres, que je penfe qu'elle lui a tirées pareillement ; & Dieu fçait ce qu'il lui a donné de plus ! Je vous demande pardon , Madame , si j'ai pris la liberté de vous importuner dans cette occasion. Mais je me suis cru obligé de détromper cette jeune Demoiselle , en lui faisant voir combien mon malheureux fils est indigne de lui inspirer des sentimens. Il prit congé ensuite , laissant à Léonore la triste ressource des larmes , & à Milady la joie d'avoir une telle preuve de la mauvaise conduite de Stanley , dont elle sçut bien profiter. Léonore promit de ne plus penser à lui davantage , & Lloïd fut reçu sur un meilleur pied que jamais. Ce n'est pas qu'elle approuvât plus qu'auparavant sa recherche ; mais sa grand'mere refusoit de croire qu'elle n'avoit plus de goût pour Stanley , à moins qu'elle ne le lui prouvât en faisant plus de politesses à Lloïd ; & la pauvre Léonore étoit trop affligée pour pouvoir rien disputer. A la vérité Mistress Mechelin revint avec un détail bien imparfait. Cependant on en tira tout le parti possible ; & les choses sembloient alors prendre un tour favorable pour Lloïd.

Pendant ce tems-là, le pauvre Stanley resta renfermé tout seul ; il avoit absolument défendu qu'on laissât entrer dans

ſa chambre Sourgrape ni Blueball ; &
attendoit impatiemment le retour de ſon
ami. Celui-ci , n'ayant pu réuſſir , alla
trouver ſon Colonel le Lord Belfont ,
& lui demanda la permiſſion de vendre
ſa Commiſſion. Milord avoit beaucoup
d'amitié pour Martin , & ne vouloit pas
le perdre. Il lui dit donc qu'il ne conſentiroit jamais à ſe ſéparer de lui : Non ,
Capitaine , dit - il , à moins qu'il ne ſe
préſente quelque occaſion beaucoup plus
avantageuſe pour vous. Il le preſſa en
même tems de lui dire quelles étoient
ſes raiſons ; & Martin lui apprit enfin la
triſte ſituation de ſon ami ; que ſon pere
avoit refuſé de le cautionner , & qu'il
ne voyoit point d'autre moyen de le ſecourir que de vendre ſa Commiſſion.
Milord fut frappé du zèle de l'amitié de
Martin ; cela rappella toute la ſienne ,
& à l'inſtant, il répondit : Non , Martin ,
je connois trop le mérite de Stanley , pour
croire qu'il vous ſçût bon gré de vous ruiner pour lui. J'arrangerai cette affaire ;
je le cautionnerai, moi ; & il me paiera
à ſon aiſe. Je donnerois volontiers l'argent ſur le champ ; mais , ma foi , je ne
ſuis pas en fonds. Martin voulut en vain

faire des repréſentations ; on amena le Carroſſe, & ils allerent enſemble trouver Stanley, qui ne fut pas trop content que Belfont l'eût vu dans un tel lieu, & encore moins quand il ſçut le motif de ſa viſite. Il le remercia de ſes offres avec beaucoup de ſincérité & de politeſſe, ſans vouloir abſolument les accepter. À l'égard du projet de Martin de vendre ſa Commiſſion, il en montra tant de répugnance, que le Capitaine fut obligé de s'en déſiſter. Pour les propoſitions de ce coquin de Sourprape, il les rejetta, comme une injuſtice qu'il feroit à ſa famille. Il dit qu'il s'en remettroit uniquement aux bontés de ſon pere, & s'il ne vouloit pas le tirer d'affaire, il ſe ſoumettroit à ſon ſort. Cependant il ſoupiroit amerement, & ſes amis furent obligés, quoique malgré eux, de le laiſſer dans cette ſituation triſte & incertaine.

Dans ces entrefaites, Marianne avoit recouvré ſa ſanté, & commença à penſer au malheur qu'elle pouvoit avoir cauſé à Stanley. Tout le monde avoit appris ſon hiſtoire ſi cruement chez Miſtreſſ Trawley, que la pauvre fille ne pou-

voit y demeurer plus longtems. Miftreff
Mechelin, de fon côté, commençoit à être
fi fcrupuleufe, qu'elle ne vouloit pas lui
parler. Ainfi Marianne fit fes paquets,
& s'en alla dans la Ville, où elle envoya
chercher Martin, qui lui apprit le défaftre
de Stanley. Elle avoit été fi éloignée de
dépenfer fon argent, que fes fonds étoient
plutôt augmentés, & elle vouloit lui
renvoyer le tout. Mais Martin fçavoit
que Stanley ne voudroit pas le reprendre:
d'ailleurs cet argent n'allant pas à la moitié de la fomme qu'il lui falloit, n'auroit
pas pu l'avancer de beaucoup. Elle apprit auffi de lui que Léonore étoit fâchée contre Stanley, & elle foupira, en
fongeant que c'étoit peut-être elle qui en
étoit la caufe ; néanmoins elle n'en dit
rien à Martin.

Le Lecteur fe rappelle la lettre que
Stanley avoit donnée à fon ami, pour faire
tenir à Léonore, & que Miftreff Slim
avoit refufé de remettre. A la fin, cependant, Martin trouva moyen de la faire
rendre. Mais comme cette lettre, quoique chaude & tendre, étoit conçue en
termes généraux, (il ne pouvoit pas en
employer d'autres, puifque l'accufation
étoit

étoit vague) elle fit peu d'effet fur Léonore , qui étoit fortement perfuadée qu'il lui en avoit impofé pendant long-tems , encore pouvoit-elle à peine le croire. Marianne fe rappellant bien des chofes qui étoient échappées à Mefdames Trawly & Mechelin, conclut que fa belle rivale avoit reçu de mauvaifes impreffions à fon fujet. C'eft pourquoi elle écrivit à Lady Filmore dans les termes les plus foumis, & confeffa fon malheur & fon crime. Quoiqu'elle avouât que Stanley avoit eu commerce avec elle pendant quelque tems , elle le tenoit quitte de toutes promeffes, reconnoiffant que depuis qu'il étoit épris de Léonore, il avoit rompu totalement avec elle ; mais qu'ayant trop d'honneur & de probité pour l'abandonner fans fecours dans le monde , il lui avoit fait préfent d'une fomme d'argent , & qu'elle craignoit fort que cette fomme ne lui eût attiré la colere de fon pere. Elle prenoit tout ce qu'il y avoit de facré à témoin de la vérité de ce qu'elle difoit ; en un mot, Lady Filmore en fut plus convaincue que fatisfaite. Cependant elle n'avoit pas envie de la montrer à Léonore. Cette

jeune Demoiſelle s'étant trouvée à l'arri-
véede la lettre, & remarquant que ſa grand-
maman étoit un peu émue en la liſant, s'a-
viſa de dire à ſa femme de chambre, qui
étoit alors dans la chambre : Mon Dieu !
Marie, je m'étonne bien ; de qui vient
cette lettre que ma grand'maman a été
ſi preſſée de mettre dans ſa poche ? Mademoiſelle, répondit la fille, je ſuis bien
curieuſe auſſi de le ſçavoir, je vous en
aſſure : cette fille, quoique jeune, promettoit beaucoup. Le lendemain matin,
elle éveilla Léonore, en diſant : Madame, j'ay un drôle de papier à vous
lire ; en même tems elle commença,
& lut de ſuite toute la lettre malgré
Léonore qui lui crioit ſouvent : Que
veut dire cette fille ? eſt - elle folle ?
Qu'eſt ce que c'eſt que ce papier ? Mais
elle ne lui répondit qu'après avoir tout lu;
& alors elle lui dit avec une révérence
très-baſſe : Madame, c'eſt la lettre que
Milady cachoit avec tant de ſoin. Comment avez - vous pu l'avoir ? Madame,
s'écria Marie, Milady n'eſt pas encore levée, & je ſçais où elle met ſes
poches. Mon Dieu ! mon enfant, qu'a-
vez-vous fait ? Non, vous n'auriez ja-

mais ofé la prendre, cela ne fe peut pas ;
voyons : & parcourant la lettre, toute
troublée & pleine d'étonnement, elle s'é-
cria : Eh ! oui vraiment, c'eft elle même !
vîte, allez la remettre. Puis la grondant
févèrement, elle lui recommanda de la
reporter ; ce qu'elle fit. Mais toute fâchée qu'étoit la jeune Demoifelle contre
cette fille, elle lui donna ce matin une
fort bonne robbe d'étoffe d'Irlande.

Je ne fçais trop fi Léonore devoit
ajoûter foi à cette lettre, après ce qu'elle
avoit entendu de la bouche de Monfieur
Stanley le pere ; mais il eft certain qu'elle
crut tout d'un bout à l'autre ; & penfa
avoir fait une telle injuftice à Stanley, en
écoutant tant de différents rapports,
qu'elle réfolut de ne plus en croire du
tout, de quelque endroit & de quelque
perfonne qu'ils puffent venir.

CHAPITRE XXV.

Lady Filmore est dupe de son propre système. Léonore est écartée, & le Lord belfont triomphe.

LEONORE trouva la lettre d'autant plus importante, que la vieille Dame avoit pris plus de soin de la cacher ; & s'étant persuadée que sa grand'mere elle-même trouvoit Stanley innocent, elle jugea qu'on en avoit mal agi avec elle ; ainsi ne se croyant plus liée par les promesses qu'elle avoit faites de recevoir Lloïd avec politesse, elle refusa tout net de le voir : tout ce que put dire sa grand'mere fut inutile ; elle ne voulut pas absolument paroître. Madame Lloïd prit cela pour du mépris, se mit en colere, blâma Lady Filmore, & menaça de rompre, si tout ne se concluoit pas sur le champ. Lady Filmore étoit courroucée au plus haut point. Ensuite jugeant que les choses étoient si avancées, elle ne pouvoit supporter l'idée d'une rupture totale, & elle ne sçavoit à qui s'en prendre. Elle craignoit que le Lord Belfont n'eût trouvé le secret de gagner du terrein ; mais s'en étant ouverte à Léonore, non sans un peu d'aigreur, celle-ci lui protesta si sérieusement, qu'elle ne donneroit jamais la main au Lord Belfont, qu'elle perdit tout-à-fait cette crainte, & se rejetta sur son vieil épouvantail, qui étoit de la renvoyer à la Ville. Léonore la pria avec les plus grandes instances de n'en rien faire ; mais tout fut inutile. Lloïd, ou la Ville, étoit la seule alternative qu'on lui proposât. Léonore promit de ne jamais disposer d'elle-même sans le consentement de sa grand'-maman. On ne voulut pas l'en croire. Elle pria ; puis se plaignit un peu chaudement. La vieille Dame se mit en fureur. On fit préparer le Carrosse. Léonore persista toujours ; la Douairiere devint de plus en plus ferme, & la fit monter en Carrosse. Miss supplia encore & pleura ; mais ce furent des prieres & des pleurs inutiles. La vieille Dame la prit avec elle & se fit mener chez M. Scrape. Léonore extrémement troublée implora encore la grand'maman ; fit vœu d'abandonner Stanley pour toujours, en

L iij

termes très-pofitifs , ce qu'elle n'avoit jamais voulu faire jufques-là : elle en fit tant que Lady Filmore ne douta point que ce ne fût ici le moment de tout obtenir. C'eft pourquoi elle infifta pofitivement qu'elle recevroit Lloïd, & le traiteroit comme un homme qui devoit être fon mari. Léonore étoit fi effrayée de l'idée de voir fon grand-pere, & d'être en fon pouvoir , qu'elle fut fur le point vingt fois de confentir à tout ; mais autant de fois elle fe retint fort à propos. On arrêta à la maifon de Monfieur Scrape , qui fut fi furpris, qu'il ne fçavoit que dire, ni à quoi fe déterminer, quand la Dame s'écria : Eh! bien, Monfieur, vous dites qu'elle eft à vous. Prenez-la , voyez ce que vous en voulez faire. Belfont qui y alloit communément une fois tous les jours , s'y trouva alors dans ce moment : il fut exceffivement joyeux de ce que fa maitreffe alloit être en fon pouvoir. Comme il s'apperçut que la vieille Dame étoit irritée , il conclut que cette colere avoit fait en fa faveur , ce que toute fon adreffe n'avoit pas pu amener, & ce dont il avoit déja commencé à défefperer. Quand un homme eft , ou s'imagine être sûr de l'affection de fa maitreffe , il peut veiller & attendre patiemment & avec conftance. Stanley fe trouvoit dans le cas. Perfuadé qu'il occupoit une place dans le cœur de Léonore, il ne fongeoit point à d'autre femme , & il étoit capable de tout endurer pour l'obtenir. Mais il en étoit tout autrement de Belfont. N'ayant aucune raifon d'efperer d'avoir part dans l'affection de Léonore , il fe fatiguoit & fe tourmentoit, fans éprouver ces fenfations agréables d'efpérance qui nourriffent la flâme d'un amant, fans laquelle la patience ne peut fe foutenir , & la conftance céde aux tentations. Tel étoit le cas du Lord Belfont. Fatigué & ennuyé de l'obftination de Milady Filmore , & traverfé par la perfévérance de Léonore , il avoit lié depuis trois femaines avec une fille d'Opera , chez qui il paffoit maintenant une grande partie de fon tems. Ce n'eft pas qu'il l'aimât ; mais elle fervoit à lui faire prefque oublier qu'il étoit amoureux d'une autre. La vue de Léonore réveilla fa paffion ; & il ne fut pas peu fenfible à l'idée qu'il étoit redevable du plaifir de la voir à la foibleffe de Lady Filmore.

L iv

Auſſi ne ſe fit-il pas un ſcrupule de montrer à cette Dame qu'il triomphoit de voir Léonore dans la Ville. La Douairiere s'en apperçut ; & tirant Léonore près d'une fenêtre : Eh ! bien, Miſſ, lui dit-elle, avez vous bien fait vos réflexions ? conſentirez - vous à ce que je vous demande ? A tout, excepté à Monſieur Lloïd, répondit Miſſ en pleurant. Prenez donc votre Lord, Mademoiſelle, répliqua l'autre. Oh ! non, s'écria Léonore, non, jamais. Ne me laiſſez pas ici, ma chere grand'maman ; je vous en prie, ne me laiſſez point ici.

Lady Filmore ſembloit vouloir s'appaiſer : mais Milord parla tout bas à Scrape, qui, dans un inſtant, envoya chercher ſa femme. Les Dames monterent toutes dans l'appartement; bien tôt après, Scrape demanda à dire un mot en particulier à Milady, qui deſcendit. Alors, d'un air moitié impudent, il la remercia des ſoins qu'elle avoit pris de ſa petite-fille, & ajoûta qu'il ne la troubleroit plus davantage à ſon ſujet. Belfont ſe mit auſſi de la partie, malgré ſa politeſſe & ſon grand uſage du monde ; & avec un ſourire malin, il rendit graces à Milady des bontés qu'elle avoit pour lui, en amenant Léonore dans un lieu où il pourroit lui faire sa cour. La pauvre Douairiere dépitée de se voir ainsi badinée, appella sa petite-fille, & dit qu'elle la remeneroit encore; mais Scrape lui répondit en toussant & éclatant presque de rire : ce ne sera, ma foi, pas ce soir ; non ! parbleu, ce ne sera pas ce soir ; la voilà renfermée, je vous le certifie. Il n'y eut pas à disputer : Milady demanda son Carrosse. Le Lord Belfont la priant de ne pas lui en vouloir, offrit de lui donner la main pour y monter; elle le refusa & partit en colere. Il est certain que Milord faisoit un vilain rôle ; mais il ne put pas s'empêcher de prendre une petite vengeance ; & personne ne pourroit desirer davantage de se venger aussi, que la bonne Douairiere.

Madame Scrape, qui au fond étoit une bonne femme, & qui aimoit sa petite-fille, n'eut pas tout le plaisir qu'elle esperoit de goûter à sa compagnie, en la voyant si affligée. Scrape vouloit la faire descendre aussi-tôt que la vieille Dame fut partie; mais le Lord Belfont crut avoir assez remporté d'avantages, &

L v

qu'il ne falloit pas rifquer de tout perdre en la pouffant trop loin. Ainfi Léonore eut pour le moment la liberté
de refter feule , comme elle le defiroit.

Laiffons-la pour quelque tems , & retournons à Marianne. Quand elle eut envoyé fa lettre à Lady Filmore , pour
rétablir en quelque forte dans fon efprit le caractère de Stanley , elle en
écrivit une autre à Monfieur Stanley le
pere , pour fa propre juftification. Elle
apprit des difcours de Martin , que ce
vieux Gentilhomme avoit très-mauvaife
opinion d'elle. Elle avoua fes fautes dans
cette lettre ainfi que dans l'autre , & y
déclara pareillement qu'elle n'avoit pas
vu une feule fois Stanley depuis plufieurs
mois. Elle reconnut fa générofité , &
marqua fes appréhenfions qu'elle ne l'eût
mis dans l'embarras ; mais pour montrer
qu'elle n'étoit pas une extravagante , elle
lui renvoya la fomme qu'elle avoit reçue
de Stanley , avec le peu d'augmentation
qu'elle y avoit faite , & le détail de la
maniere dont cet accroiffement s'étoit
fait. Monfieur Stanley fut frappé tant de
la chofe que de la maniere ; cependant il
réfolut de s'informer avec plus de foin

du caractere & de la conduite de cette fille.

Pendant ce tems, Martin voulut accomplir la promesse qu'il avoit faite à son ami, de lui rapporter la réponse à sa lettre ; & ayant envoyé son Mercure chez Lady Filmore, il apprit que la Dame étoit revenue de la Ville, après avoir laissé Léonore chez Scrape ; de plus, qu'à son retour, elle avoit trouvé Madame Lloïd, & qu'elles sembloient avoir eu entr'elles des paroles dures. Avec ces informations, il alla trouver son ami, qui lui voyant un air sérieux & morne, & sçachant qu'il n'avoit point de lettre, commença d'abord à imaginer ce qui pouvoit arriver de pis, de sorte que Martin fut forcé de lui dire la vérité tout entiere.

CHAPITRE XXVI.

Une querelle avec certaines gens est quelque-
fois la seule chose qui puisse nous rendre
amis avec d'autres.

STANLEY étoit véritablement à plaindre. Son pere, ce pere dont l'indulgence l'avoit souvent fait rougir de ses folies, venoit de l'abandonner. Sa maitresse, qui étoit toujours la bonté même, ne l'excusoit point. Il lui avoit écrit pour l'assurer de sa fidélité & d'un amour inaltérable : elle n'avoit pas daigné lui répondre ; & pour surcroît de malheur, elle étoit sous la puissance d'un homme qui le haïssoit, & qui étoit aussi dans la dépendance de son rival ; & de quel rival ! d'un homme formé par la nature pour réussir en amour. Sa maitresse avoit fait vœu de ne donner sa main à aucun homme pendant trois ans : mais le plus grand courage est souvent obligé de céder à la force. Il est vrai qu'il entrevoyoit un rayon d'espérance dans les vertus du Lord

Belfont ; mais cette lueur s'évanouit bien-
tôt. Ce Seigneur ne pouvoit-il pas tirer
avantage de la puissance du grand-pere,
si bien disposé en sa faveur, en cou-
vrant son procédé des noms spécieux
de l'amour & de l'honneur ? Et puis,
ce qui le chagrinoit le plus, c'est que ce
rival lui avoit donné tout récemment de
si grandes preuves d'amitié, qu'il étoit
fort embarrassé comment il devoit se conduire avec lui. Martin pénétrant son inquiétude lui dit tout ce que l'amitié & le
bon sens pouvoient lui dicter, & l'assura
qu'il avoit un projet pour le mettre en
liberté dès le lendemain matin. Il vint
dans l'esprit de Stanley, que ce moyen
étoit de vendre sa Commission, & c'est
ce qu'il n'auroit pu souffrir même dans
la cause de Léonore : mais Martin jura
que ce n'étoit point cela ; en effet, c'étoit
quelque chose d'approchant : car il avoit
dessein d'emprunter cette somme, &
d'engager sa Commission pour sûreté.
Heureusement, il en fut empêché le lendemain par un message de Monsieur Stanley pere, qui prioit le Capitaine de l'aller
voir. Monsieur Stanley lui demanda un
détail circonstancié & sincère, de l'affaire

de son fils avec la jeune fille qu'il avoit amenée d'Allemagne. Martin lui raconta sincerement le tout ; sur quoi le vieux Gentilhomme lui montra la lettre de Marianne, & lui parla de l'argent qu'elle lui avoit envoyé, ajoûtant qu'il étoit disposé à cautionner le pauvre George. En effet, ils partirent ensemble sur le champ. Quand Stanley vit son pere, il fut honteux & confondu au de-là de toute expression ; la conversation ne fut pas longue. Le pere se rendit caution, & le fils eut sa liberté.

Quand Blueball vint pour recevoir l'argent du cautionnement, il n'amena point son ami Sourgrape. Il n'avoit plus affaire à un jeune homme aveuglé, conduit par ses passions ; mais à un vieillard sensé, qui connoissoit le monde, & qui, quoiqu'honnête homme, sçavoit très-bien comment il falloit agir avec de mauvais garnemens. Blueball ne fut point du tout content de ce changement, & encore moins, quand Monsieur Stanley lui demanda d'un ton ferme & d'un air singulier, où étoit Monsieur Sourgrape ; car le Capitaine Martin avoit instruit Monsieur Stanley de la liaison de George avec cet homme , & de la tentative qui avoit été faite pour lui faire abandonner ses droits sur son bien ; & il avoit ajoûté , peut-être avec plus de bonne intention que de vérité , que George avoit rejetté avec indignation cette proposition , comme une chose qu'il sçavoit devoir déplaire à son pere. Ce rapport plut beaucoup au pere , & le disposa encore mieux à se-courir son fils ; mais en même tems , lui fit naître l'envie de punir ceux qui avoient voulu profiter du malheur de son fils , pour en tirer un pareil avantage.

Monsieur Blueball apperçut tout cela dans son discours : & n'en fut pas peu allarmé : il offrit de lui même de se contenter du principal , & de renoncer aux intérêts. Monsieur Stanley , à qui le hasard fit rencontrer un Procureur hon-nête homme , fut conseillé d'accepter la proposition, parce qu'il ne réussiroit pas à punir ces coquins en les traduisant en justice. Ainsi finit toute cette affaire entre Stanley & Blueball.

Comme c'est la derniere fois que nous verrons paroître cet homme à principal & intérêts , & son digne ami Monsieur Sourgrape, il n'est pas inutile d'instruire le Lecteur de ce qu'ils devinrent par la suite, d'autant plus que leur ruine fut causée par ce même complot qu'ils avoient formé ensemble pour la perte de notre Héros. Voici comment leur catastrophe arriva. Blueball étoit un de ces gens qui non seulement ont boutique ouverte pour recevoir les gages ; mais qui prêtent aussi par occasion de petites sommes. Quoique Sourgrape ne parût pas publiquement à la réception des gages, c'étoit lui réellement qui soutenoit la boutique ; il ne regardoit Blueball que comme son Commis : & lorsqu'il trouvoit qu'il avoit pris sur lui, sans son consentement, d'écouter ses craintes & d'oser être honnête homme, ou du moins de se contenter de recevoir son dû, il entroit dans une furieuse colere ; en quoi je trouve qu'en effet il étoit un peu excusable ; une telle conduite étoit si peu naturelle à Blueball, qu'il eut peine à croire entierement l'aventure, & soupçonna cet homme de le tromper. Cela produisit entr'eux une querelle. Les coquins ont leurs passions aussi, de même que les honnêtes gens, & quand le diable & eux ont réussi long-tems à faire des dupes de tout le monde,

il arrive enfin un moment où le même
respectable personnage leur inspire de se
duper entr'eux. C'est ce qui arriva à
ces Messieurs : leur querelle donna lieu
à un procès en régle , & ce procès à
leur ruine mutuelle. Blueball fut réduit
à la mendicité & mourut à Newgate ;
Sourgrape , ramassant les petits débris
d'une friponnerie qui n'avoit que trop
long-tems prosperé , se sauva à Bou-
logne : mais bien-tôt après , ayant fait la
contrebande, il fut pris & condamné aux
Galeres , où il rame maintenant fort &
ferme ; cela ne l'empêche pas de faire
tout le mal que la longueur de sa chaîne
lui permet de commettre.

Laissons ces misérables, & retournons
au jeune Stanley, qui est maintenant en
pleine liberté.

Notre Héros étoit actuellement résolu
d'agir vigoureusement. Le lendemain de
sa délivrance d'un esclavage pire que la
servitude des Égyptiens , son pere reçut
la visite du vieux Scrape & du Lord
Belfont. Le Pair prit la parole , &
reconnut toutes les qualités de George ;
cependant , disoit-il, je ne puis m'empêcher de condamner son obstination à

prétendre à cette jeune Demoiselle. Il n'a l'aveu d'aucun de ses amis ; il n'a aucun bien échu & indépendant ; s'il épouse cette fille , elle ne lui apportera rien du tout en dot. Pour moi, j'ai le consentement de son grand-pere , & je ne m'attendois pas de trouver des oppositions dans un homme dont l'amitié auroit dû m'aider en toutes choses. Monsieur Stanley fut convaincu , & répéta ces mêmes raisonnemens à son fils , non sans y mêler quelques menaces : mais le jeune homme ne fut pas persuadé , quoiqu'il gardât le silence. Il alla trouver sa sœur, & lui fit entendre que, quoique Léonore n'eût pas fait réponse à sa lettre, elle pouvoit lui écrire sans compromettre son honneur, puisque cette jeune Demoiselle n'étoit plus chez Lady Filmore. Miss Stanley se laissa gagner ; mais comment faire tenir la lettre ? ce n'étoit pas chose aisée. Le Lord Belfont étoit Commandant de la forteresse où l'infortunée Léonore étoit prisonniere & sans appui : & ce Seigneur étoit un guerrier habile. En effet ils trouverent le fort inaccessible , & la lettre de Miss Stanley ne servit à rien. Il arrive souvent que les affaires s'arrangent d'elles-mêmes beaucoup mieux que nous n'aurions pu faire nous-mêmes. Léonore sans secours & vraiment misérable, trouva une amie fidelle dans Madame Scrape. Cette bonne femme avoit dit bien des choses à Léonore, pour lui persuader d'accepter Belfont ; mais lui trouvant une aversion décidée pour lui, elle jugea qu'une pareille union ne seroit jamais heureuse, sur tout avec un homme du caractere de Belfont, qui, avec la générosité d'un Prince, le courage d'un Soldat, & mille autres bonnes qualités, étoit cependant, disoit-elle, orgueilleux, méprisant & vindicatif: mais elle n'étoit pas assez instruite des usages du monde, pour sçavoir qu'un mari dont les feux sont ralentis par la jouissance, ne souffre pas bien de petites choses qu'un amant empressé passe avec complaisance. Elle fit donc auprès de son mari tout ce qu'elle put pour le détourner de ce mariage ; mais elle n'y gagna que des mépris & des injures. C'est pourquoi elle eut recours à un remede extrême : elle écrivit à Lady Filmore, lui marqua la situation de sa petite fille, l'affura que cette enfant confervoit pour fa grand'maman la plus vive reconnoiffance, lui expofa le danger où elle fe trouvoit, d'être forcée de paffer dans les bras de l'homme qu'elle haïffoit le plus; & à l'égard de Lloïd, (car Léonore avoit raconté ingénuement toute fon hiftoire à Madame Scrape,) elle fupplioit Milady de ne point perfifter à vouloir que leur enfant le prît. Léonore, difoit-elle, eft encore jeune : il pourroit s'en préfenter d'autres. Quant à Stanley, elle prit fur elle d'affurer que Léonore n'y penfoit plus du tout : peut-être Léonore le lui avoit-elle dit en effet, & peut-être en avoit-elle formé la réfolution ; du moins elle voyoit fi peu d'apparence de réuffir, qu'elle crut réellement qu'il étoit de fon devoir de céder quelque chofe à fa grand'maman, fi cette Dame lui abandonnoit tout le refte. Madame Scrape finiffoit fa lettre par prier Milady de reprendre Léonore fous fa protection. Elle envoya cette lettre par fa marchande de modes, & en reçut une réponfe conforme à fes defirs. Car la lettre avoit trouvé la Dame dans la fituation qu'on pouvoit fouhaiter. Ce que nous

avons appris plus haut de Madame Lloïd
& de fa querelle avec Milady, étoit
véritable. Madame Lloïd étoit venue voir
Lady Filmore, juftement comme elle
revenoit de la Ville. Or cette Dame
étoit de ces femmes qui aiment à fe mêler de tout, & à donner des avis, &
ne peuvent pas fouffrir qu'on faffe rien
fans les confulter; autrement, il n'en faut
pas davantage pour qu'elles défapprou-
vent. Quand elle vit donc que Milady
avoit laiffé Léonore chez fon grand-
pere, fans lui avoir demandé fon opinion, elle regarda cette démarche comme ridicule & à contre-tems. Lady Filmore n'étoit pas non-plus de ces carac-
teres doux qui fouffrent comme un agneau
la contradiction fans fe mettre en colere.
Elle répondit; l'autre répliqua; infenfi-
blement les paroles s'éleverent; elles
crierent fi haut, qu'on ne pouvoit rien
entendre; & elles fe féparerent ainfi ce
jour-là. Madame Lloïd, depuis ce tems,
avoit pris à tâche de déprimer l'entendement de Milady Filmore: chofe dont
cette Dame étoit prefqu'auffi vaine que
de fa Nobleffe. A l'égard de Monfieur
Lloïd, fa mere n'eut pas beaucoup de

peine à le dissuader de rechercher davantage Léonore. Elle lui fit une leçon fort serieuse sur toute la conduite de cette Demoiselle envers lui ; lui rappella sa confusion, quand Stanley vint la joindre au Park ; la priere qu'elle avoit faite à Lloïd de ne pas la presser davantage ; & vingt autres choses qu'elle lui fit envisager, comme autant d'affronts pour lui, & qui le firent penser à plusieurs autres traits de sa conduite qui n'étoient pas venus à la connoissance de sa mere. S'il ne regardoit pas toutes ces choses comme des affronts, elles lui parurent du moins des preuves certaines qu'il ne devoit jamais s'attendre de posséder l'affection de Léonore. Cependant il ne put lui refuser beaucoup de respect, d'estime & d'admiration, ni gagner sur lui-même de la condamner. Toutes les fois que nos affaires ne réussissent pas suivant nos desirs, il y a quelque chose dans l'esprit humain qui aime à en rejetter le blâme ailleurs. En conséquence, Monsieur Lloïd ne fut pas éloigné de convenir avec sa mere que Lady Filmore en avoit mal agi, en lui faisant mystere de l'affaire de Stanley, en persuadant à Lloïd de pourſuivre une recherche dans laquelle elle ſçavoit, ou auroit dû ſçavoir, qu'il couroit riſque de ne pas réuſſir ; & enfin en menant Léonore dans la Cité, ſans conſulter Madame Lloïd : tous ces incidens & mille autres furent jugés par la mere comme autant de mépris , d'affronts, d'indignités & d'inſultes. L'Amant déconcerté les voyant auſſi du même œil , alla s'en plaindre à la vieille Douairiere; du moins il appelloit cela des plaintes : mais Milady les qualifia plutôt de reproches , & ſans beaucoup de cérémonie , elle raccourcit la viſite du jeune homme.

La Douairiere reçut la lettre de Madame Scrape d'autant plus favorablement , qu'elle n'avoit plus deſſein de preſſer Léonore en faveur de Lloïd , & qu'elle deſiroit de tout ſon cœur d'écarter Belfont. Il fut convenu à cet égard , que Milady iroit à la Ville, dans le tems où Madame Scrape lui avoit fait entendre que Milord & Scrape ſeroient dehors, & Léonore en pleine liberté de diſpoſer d'elle-même, ſon intention n'étant pas de la gêner en rien. Le tout s'exécuta heureuſement ſans être découvert, ni même foupçonné, & Léonore fe vit encore une fois dans la maifon de fa grand'maman. Madame Scrape effuya la bourafque ; fon mari fut fur le point de la déchirer en pieces ; & elle n'eut pas meilleur marché du Lord Belfont, qui lui reprocha d'avoir trahi fa confiance, d'avoir vendu fon enfant, & mille autres chofes pareilles. Peut-être tout cela ne paroîtra-t-il guères conforme au caractere & à la politeffe ordinaire de ce Lord. Mais il faut fe reffouvenir que nos paffions, c'eft la nature : la politeffe, la décence, l'habileté, les belles manieres, viennent de l'art; & la nature eft toujours la plus forte, quand elle s'avife de fe montrer. Cependant Madame Scrape fupporta le tout avec patience & réfignation, fatisfaite au fond, & convaincue qu'elle avoit fait ce qu'elle devoit.

CHAPITRE

CHAPITRE XXVII.

Les anciens amis se revoient peut - être avec plus de plaisir, après une brouillerie.

MILADY Filmore & sa petite-fille furent sincèrement charmées toutes les deux de se retrouver ensemble. Le cœur reconnoissant de Léonore s'épuisoit en remerciemens, de ce que sa bonne maman l'avoit reçue encore, & l'avoit affranchie de la puissance d'un grand-père, qui auroit sacrifié ses inclinations à une fantaisie, en la forçant d'épouser l'homme du monde qu'elle desiroit le plus d'éviter. La bonne Dame satisfaite de la reconnoissance de sa petite fille, & charmée à son tour d'avoir déconcerté le Lord Belfont & son ami Scrape, se réjouissoit d'avoir encore Léonore sous ses yeux. Elle avoua avec une complaisance pleine de tendresse, qu'en effet elle l'avoit trop pressée, & applaudit même à la persé-, vérance ferme de la fille, promettant de ne jamais la presser en faveur d'aucun homme que ce pût être. Je veux, ma chere enfant, vous laisser entierement la liberté du choix ; j'espere que le succès me justifiera d'en agir ainsi. Vous êtes encore jeune ; je ne vous troublerai point : je me flatte que vous rencontrerez un jour un homme qui pourra mériter votre affection. Léonore pouvoit à peine ouvrir les levres, tant son cœur étoit rempli de gratitude ; au moment qu'elle recouvra la parole, elle s'en servit pour balbutier des actions de graces : elle avoua qu'elle avoit peut-être un peu trop arrêté ses pensées sur Monsieur Stanley ; mais promit d'y songer à l'avenir le moins qu'elle pourroit, & surtout de ne jamais entretenir avec lui de correspondance secrette. Ainsi elles furent entierement réconciliées, & Léonore jouissoit d'une sorte de tranquillité : Il restoit encore quelques étincelles étouffées, qui, de tems en tems, lui arrachoient un soupir : mais en comparaison de ce qu'elle avoit senti, elle jouissoit maintenant d'une paix profonde, que le Lord Belfont tâchoit à détruire, en cherchant à se rendre heureux. Il envoya Scrape chez Milady Filmore ;

mais on ne voulut pas lui donner audience. Il y alla lui-même , résolu de voir la vieille Douairiere , à quelque prix que ce fût. Il la vit en effet ; il infifta , il cria , fupplia , menaça même , le tout fans fuccès. Lady Filmore ne voulut pas montrer le triomphe dont elle jouïffoit alors ; mais le réprimendant froidement pour avoir infifté d'entrer , quand le domeftique lui avoit infinué qu'elle vouloit être feule , elle lui dit que s'il la mettoit dans ce cas , il faudroit qu'elle établît un Corps-de-garde à fa porte. Le Lord fe fâcha , extravagua , & fut forcé de s'en aller fans avoir rien gagné.

La nouvelle du retour de Léonore chez Lady Filmore , vint bien-tôt aux oreilles de Stanley , & ne lui donna pas beaucoup de confolation : car n'ayant pas répondu à fa derniere lettre , il fembloit qu'elle le croyoit encore coupable : mais coupable de quoi ? Elle n'avoit rien dit autre chofe , finon..... *Si votre frere ne m'avoit pas vilainement trompée....* à quoi cela pouvoit-il faire allufion ? Il ne le devinoit pas , lui qui ne fçavoit rien de l'évanouiffement de Marianne , &c.

Cette confiance dans sa propre innocence, & l'ignorance des faits, qu'on suppoſoit en lui des crimes, le laiſſoient dans un état de ſuſpenſion, qu'il auroit volontiers changé pour quelque punition certaine, qui n'emporteroit pas la perte de ſa maitreſſe. Il ſeroit peut-être reſté encore dans cette incertitude, ſans ſon ami Martin. Quand ſon pere l'eut tiré de priſon, & qu'il ſongea que la lettre de Marianne en avoit été la principale cauſe, il ne put qu'admirer le courage de cette malheureuſe fille, qui auroit encore été en poſſeſſion de toutes les vertus, ſi ſon amour pour lui ne lui eût pas fait ſacrifier la ſeule qui eſt à juſte titre la gloire & l'orgueil de ſon ſexe. Sa conduite dans ce cas montra un courage qui auroit fait honneur à la meilleure des femmes ; Stanley qui s'en apperçut, avoit envie de l'aller voir : mais elle avoit exigé ci-devant que le Capitaine ne lui apprît point où on pourroit la trouver, de crainte que ſon ame ne fût pas encore aſſez affermie pour ſoutenir la vue de Stanley : le Capitaine le lui avoit promis, & en effet, il obtint que Stanley ſe contenteroit de la remercier par ſon moyen ; en quoi

il n'eut véritablement pas un grand mé‑
rite, malgré sa reconnoissance pour Ma‑
rianne : car il étoit tellement absorbé
dans la perplexité de son amour pour
Mill Léonore, qu'il ne pensoit guères à
autre chose. Mais quoique le fils fût sa‑
tisfait sans voir Marianne, le pere ne l'é‑
toit pas : frappé de l'échantillon qu'il avoit
éprouvé lui-même de son courage, il
commença à penser plus favorablement
sur son compte, & pria Martin de le
mener chez elle. Comme il n'y avoit
pas les mêmes raisons contre la visite du
pere que contre celle du fils, le Capi‑
taine n'eut rien à opposer ; mais il ne
crut pas avoir droit de le faire sans en
obtenir sa permission : la chose ne lui fut
pas bien facile ; car les premiers déran‑
gemens du jeune Stanley, lui avoient
causé trop d'inquiétudes, pour n'en avoir
pas été bien informée ; & elle connois‑
soit assez le monde, pour sentir qu'un pere
étoit porté à attribuer une bonne partie
des folies & des extravagances de son
fils à la persuasion & aux artifices d'une
femme avec qui il vivoit : cela ne la
rendoit pas trop curieuse de la visite du
vieux Gentilhomme. Cependant voyant

M iij

que le Capitaine Martin le demandoit,
elle y consentit. Le vieillard lui fit un
long discours ; Marianne fut attentive,
& ne parla guères, & Monsieur Stanley
fut fort content d'elle. Il applaudit beaucoup à la résolution qu'elle avoit prise
de ne jamais revoir son fils ; approuva
la vie industrieuse & occupée qu'elle menoit , & lui recommanda les plus grandes précautions , & toute la prudence
possible pour les gens avec qui elle s'af-
socieroit. Les cent soixante-dix livres
sterling étant , dit-il , un présent de
son fils , il n'y avoit aucun droit ; ainsi
il les rendit à Marianne , qui les reprit
de ses mains sans disputer , & en le re-
merciant modestement. Il promit de se
charger de l'entretien de l'enfant , &
exigea d'elle , qu'elle s'adressât à lui &
à lui seul , s'il lui survenoit quelque embarras dans le cours de son négoce.

Monsieur Stanley avoit trop d'humanité , & même de religion , pour ne pas
être affecté de l'idée que son fils avoit
ruiné une jeune fille de tant de mérite ,
qu'il en voyoit dans la pauvre Marianne.
Quand le bon vieillard fut parti , elle ne
put s'empêcher de donner des éloges à

son humanité & à sa générosité. Se voyant seule avec le Capitaine , elle s'informa de l'état des affaires du jeune Stanley , & sur le récit que Martin lui fit des inquiétudes de George , du mécontentement de Léonore , & de l'impossibilité où étoit Stanley d'en concevoir la cause, la pauvre Marianne se chargea aussi - tôt de tout le blâme , & lui apprit ce qui s'étoit passé chez Lady Filmore , reconnoissant que sans doute elle avoit donné à Léonore tout lieu de la soupçonner ; ensuite elle parla de sa lettre à Milady , & pria Martin d'en instruire Stanley.

George goûta quelque soulagement, en apprenant d'où venoient les soupçons que Léonore avoit conçus contre lui , ayant du moins quelque certitude pour se conduire. Mais quoique son ame fût un peu soulagée , il étoit fort éloigné d'avoir obligation à Marianne. Ce n'étoit pas le tems de lui en marquer son déplaisir , le plus pressé pour lui étoit de faire connoître son innocence. Il prit donc tous les petits bijoux qui lui restoient , & alla de ce pas prier Mistress Slim , d'être encore une fois sa commissionnaire : elle se rendit donc chez Lady Filmore , &

remit la lettre à Léonore, qui la reçut avec une main tremblante & un cœur mal affuré, s'arrêta, la regarda long-tems, & enfin s'écria douleureufement: Vous vous êtes chargée là d'une mauvaife commiffion, Miftreff Slim ; c'eft le dernier embarras de cette nature que vous aurez, je crois ; dites à celui qui vous envoie, que s'il m'écrit jamais, je remettrai fes lettres, fans les ouvrir, à Milady Filmore. Miftreff Slim vouloit répliquer ; mais Léonore quitta la chambre ; & Miftreff Slim jugea plus à propos d'aller trouver Stanley, que d'attendre une entrevue avec Milady. Quand Stanley apprit cette nouvelle, la pauvre Marianne devint pour lui un objet de haine, il la maudit, fe maudit lui même & tout le monde. Il formoit tantôt une réfolution, tantôt une autre ; & ne pouvant prendre un parti, il ne faifoit que déplorer fa mauvaife fortune.

Malgré fa réfolution, Léonore ne put s'empêcher de s'arrêter fur l'efcalier; & pendant quelques inftants, elle douta prefque fi elle devoit livrer la lettre ou la lire : mais elle fe remit, & pour ne point être dans le cas d'héfiter davan-

tage, elle courut chez Milady & lui mit
la lettre en main. De qui vient-elle,
ma chere? s'écria la grand'mere, qui
ne s'attendoit gueres à une lettre de Stanley. Madame, répondit Léonore, c'est
d'un homme qui n'a point droit de m'en
adreſſer, & de qui je n'en recevrai aucunes. La bonne Dame vit alors le nom
de Stanley au bas, & repliant la lettre,
applaudit Léonore de ſe confier ainſi en
ſa grand'maman. En apprenant le nom
de la commiſſionnaire, elle ſoupçon-
na que ce n'étoit pas la premiere qu'elle
eût appotée : mais Milady n'étoit pas
d ces femmes qui font uſage d'une bonne
action préſente, comme d'une indica-
tion qu'une autre action a été mauvaiſe.
Elle laiſſa tomber la choſe, & ſe ren-
ferma bien-tôt après pour lire paiſible-
ment cette lettre.

Par bonheur, dans tout le cours de là
lettre, Stanley parloit de Milady Filmore avec le repect & la vénération la
plus grande, diſoit que, quoique ſon op-
poſition le rendît malheureux, il ne
pouvoit l'en blâmer, & ne l'en hono-
reroit que plus. Soit que Stanley ap-
préhendât que ſa lettre ne vînt entre les

M y

mains de la vieille Dame , ou qu'il jugeât que Léonore feroit flattée qu'on traitât fa grand'mere avec refpect ; elle étoit écrite dans tout fon conteuu, comme s'il eût eu deffein de flatter la tendreffe de Milady pour fa famille & fa nobleffe ; il parloit d'elle en particulier avec refpect & eftime , de fa famille avec honneur , & de fa propre naiffance avec humilité & déférence, obfervant feulement que le nom des Stanley avoit été grand autrefois. Peut-être en cela flattoit-il un peu fa vanité , ou peut-être penfoit-il que fa maitreffe pouvoit avoir quelques égards pour les idées de la grand'maman. La lettre étoit longue ; le point fur lequel il appuyoit le plus , étoit fon attachement fincère pour Léonore ; & fur ce chapitre, il s'exprimoit avec tout le feu & la vivacité dont une imagination forte & échauffée par une paffion ardente, peut animer la plume du plus violent , & en même tems du plus fenfible des amans.

Milady fut extrêmement fatisfaite de la maniere dont il avoit parlé d'elle : quelle différence d'avec la conduite de Lloid, qu'elle avoit taché de fervir , au lieu qu'elle s'étoit efforcée de faire à Stanley tout le mal qui étoit en son pouvoir ! cependant rien n'avoit pu le porter à s'écarter des bornes du respect qui lui étoit dû, comme femme, comme parente de sa maitresse, & comme femme de qualité ! Le Lord Belfont l'avoit insultée ; Madame Lloïd l'avoit mal-traitée de paroles, & le jeune Lloïd lui-même s'étoit joint avec sa mere : mais Stanley s'étoit toujours conduit devant elle avec toutes sortes d'égards; en son absence il en avoit parlé respectueusement, & la défendoit même contre ses propres intérêts.

Toutes ces considérations réunies la disposerent à se rappeller qu'il est parlé des Stanley dans l'histoire, & que c'étoit une fort bonne famille ; elles la firent ressouvenir aussi qu'ayant mal parlé de ce jeune homme, en bonne chrétienne, elle étoit dans l'obligation de lui rendre justice. La connoissance du caractère du Lord Belfont, la certitude qu'il ne cesseroit pas de faire des complots & des tentatives, maintenant qu'il avoit une fois eu du dessous, & que Léonore lui avoit été soustraite au moment qu'il se croyoit sûr de l'obtenir ; la crainte que cet homme ne pût jamais rendre sa petite-fille heureuse, peut-être aussi un petit ressouvenir du triomphe dont Belfont avoit joui dans la Cité ; peut-être, dis-je, tout cela réuni lui fit envisager les choses sous un point de vue tout-a-fait différent de ce qu'elle les avoit vues trois mois auparavant, quand elle étoit échauffée par des idées de noblesse, & par je ne sçais quelles fantaisies. Voici maintenant comment elle raisonnoit : Le pere est dans une fort bonne passe..... Je puis les aider aussi de mon douaire, tant que je vivrai : elle l'aime, il l'aime, ils pourront être heureux ensemble.

Milady repassa toutes ces choses dans son esprit pendant deux ou trois jours. Néanmoins Stanley se tourmentoit & s'affligeoit en vain ; & le Lord Belfont formoit le dessein le plus impudent que jamais contretems ait pu suggerer. Il corrompit cette petite suivante si adroite, qui avoit dérobé à Milady Filmore la lettre de Marianne ; elle devoit l'introduire dans la maison un peu avant que tout le monde fût couché, qui étoit le tems où,

aidé de main forte , il avoit réfolu d'enlever Léonore. Mais on avoit vu cette fille
parler avec un domeftique de Milord ;
& Lady Filmore ayant examiné les chofes fur le champ & avec exactitude ,
parvint à lui faire avouer le tout. Cette
fille fut congédiée : Milady fit fermer les
portes en fa prefence , garda les clefs ,
& s'affura de fa petite-fille , en la faifant
coucher dans fon lit Le lendemain, elle
envoya un meffage au Lord Belfont pour
lui notifier qu'affurément elle fe plain-
droit au Roi de fes infultes , s'il ne lui
donnoit les plus fortes affurances de fe
défifter de toutes tentavives contre Miff
Filmore. Elle aima mieux prendre ce
parti, que de faire aucune démarche pour
fe mettre fous la protection de la Juftice,
fçachant bien que cela ne pourroit fe faire
fans que néceffairement toute la Ville en
fût inftruite, & parlât de cette affaire. Or
Milady jugea qu'il y a toujours tant de
précautions à prendre pour fauver la réputation d'une jeune Demoifelle , qu'on
ne devoit jamais fouffrir , par quelque
raifon que ce pût être, que fon nom pafsât
par la bouche du Public.

CHAPITRE XXVIII.

Un Amant ne doit jamais désespérer ; car s'il aime véritablement , ses desirs seront couronnés à la fin ; ou bien il ne faut pas compter sur ce que disent les faiseurs de Romans.

LA hardiesse du dernier dessein de Belfont, allarma Lady Filmore; quoiqu'en recevant son dernier message, il eût paru extremement confus , du moins de ce qu'on l'avoit surpris à corrompre ses domestiques. Elle craignoit toujours qu'il ne voulût jamais abandonner son projet, tant que Léonore resteroit fille , & qu'il verroit quelque possibilité de réussir. Cela donnoit beaucoup d'inquiétude à cette Dame ; mais son ressentiment imposa silence à une pensée qui lui venoit quelquefois de renouveller l'ancien traité avec les Lloïd. Dans cette incertitude du parti qu'elle devoit prendre , elle reçut la visite d'un de ses parens éloignés, appellé Sir Walter Aprice , qui venoit de perdre tout nouvellement un mauvais pere, & de gagner un fort bon bien. Il étoit dans une si belle humeur, que la bonne Dame ne put s'empêcher d'obferver que, quoique fon pere en eût tres-mal agi avec lui, la décence vouloit que, du moins pour quelque tems, il ne fît pas éclater tant de joie. O ! Madame Filmore, ma bonne parente, ne penfez pas fi baffe-ment de moi ; ne croyez pas que le fou-venir d'aucune dureté de mon pere pût m'engager à me réjouir de fa mort: mais, Madame, j'ai trouvé aujourd'hui de bon-nes raifons d'avoir de la joie ; je viens de voir l'homme du monde à qui j'ai la plus grande obligation. Je fuis venu ici, fçachant que votre bon cœur me permet-tra de donner tout l'effor au mien. Je fuis l'homme le plus heureux de l'avoir découvert ; fon humanité nous a fauvés tous, moi, ma chere femme, & mes pauvres enfans ; il nous a empêchés de mourir de faim, dans un tems où je ne pouvois que le croire fort riche ; mais ce qui ajoûte encore infiniment à mes obligations, c'eft que j'ai découvert que fon humanité, & la bonté de fon cœur lui ont fait oublier les embarras où il fe plongeoit lui-même. Enfin il raconta avec emphase l'hiſtoire dont nous avons déja inſtruit nos Lecteurs, dans un de nos précédents Chapitres.

Il ſeroit difficile d'exprimer la ſurpriſe de la Dame, de trouver à la fin que c'étoit à Stanley que ſon couſin étoit ſi fort obligé. Il avoit découvert, je ne ſçais par quelle voie, la circonſtance que Stanley avoit vendu juſqu'à ſes chevaux pour le ſecourir ; peut-être n'auroit-il pas ceſſé de chanter ſes louanges, ſi la montre ne l'eût averti qu'il étoit l'heure d'aller joindre ſon libérateur, qui avoit promis de dîner avec lui. Milady Filmore n'ignoroit pas que ſon couſin avoit été dans la détreſſe. Elle-même l'avoit aſſiſté plus d'une fois : mais elle n'avoit jamais imaginé qu'il ſe fût trouvé dans de ſi fâcheuſes circonſtances. Elle avoit naturellement le cœur trop bon pour ne point admirer dans Stanley un pareil exemple d'humanité. Le Chevalier ne ſçavoit guères qu'il parloit à une perſonne au pouvoir de qui il étoit de faire la félicité ou le malheur de ſon ami : autrement il eût bien ſûrement inſiſté beaucoup en faveur de ſes prétentions.

fur Léonore : mais il lui avoit rendu plus
de fervices que fes meilleurs argumens
n'auroient pu faire ; car il avoit pleinement réconciliée la Douairiere avec
Stanley.

La bonne Dame n'héfita pas davantage : dès le jour même , elle eut en dî-
nant la converfation fuivante avec Léonore. A propos , ma chere , j'oubliois
de vous remettre la lettre de Stanley : la
voilà. A moi ! Madame , à moi ! répondit Léonore. Oui , ma chere , à
vous ; lifez la : elle vous eft adreffée, &
fur ma parole , je la trouve fort bien
écrite. Je crois auffi que celui qui l'écrit
parle fincerement : je fçais que ce qu'il
y dit, à certains égards , eft vrai. En vérité , Madame, reprit Léonore , je n'en
ferai rien. Quoi ! vous n'en ferez rien ,
ma chere? En un mot , lifez cette lettre,
Léonore , je le veux. Léonore le fit ,
non fans foupirer & répandre quelques
larmes qu'elle tâchoit en vain de cacher;
la vieille Dame continua enfuite : Voilà,
ma chere , une autre lettre que je vous
prie de lire. Léonore fort étonnée obéit,
& lut la lettre de Marianne, cette même
lettre que Lady Filmore ne croyoit pas

qu'elle eût lue auparavant. J'ai reçu cette lettre, ma chere, avant que vous allassiez dans la Cité ; & je crus alors qu'il étoit bon de vous la cacher. Comme les Lloïd sont d'une des meilleures familles du pays de Galles, je m'attendois naturellement à en être mieux traitée ; mais j'ai été trompée, je l'avoue. J'avois aussi pour lors une opinion bien différente de celle que j'ai actuellement de Monsieur Stanley. Si l'idée que j'en ai à présent peut être de quelque poids pour justifier son caractere, j'avoue que je le crois pleinement justifié par rapport à la sincérité des promesses qu'il vous a faites. C'est en vérité un garçon d'un excellent jugement. Il a maintenant, je crois, abjuré toutes ses folies, & ses vertus qui, à mon avis, sont fort grandes, auront lieu de paroître dans tout leur jour. Léonore avoit peine à ajoûter foi à ce qu'elle entendoit, ou à croire que sa grand'maman parlât sérieusement. Mais la vieille Dame l'en convainquit bien-tôt : lui communiqua ensuite les soupçons sur le génie entreprenant du Lord Belfont ; dit qu'il leur causeroit toujours des inquiétudes ; avoua que c'étoit un homme qu'elle n'aimoit pas ; en même tems elle ajoûta que n'ayant aucun deſſein de contrarier davantage ſa fille , ſi elle le vouloit , le Lord Beltont auroit la permiſſion de la venir voir. La jeune Demoiſelle, à la grande ſatisfaction de Milady , le refuſa abſolument. Lady Filmore lui demanda alors , ſi elle vouloit recevoir les viſites de Monſieur Stanley? Léonore embarraſſée héſita , balbutia quelques mots de *déférence pour Milady , de devoir , d'obéiſſance*..... & autres ſemblables. La Douairiere la gronda un peu de ce qu'elle ne lui parloit pas franchement. Elle l'aſſura qu'une ſincérité honnête & ouverte , étoit une vertu auſſi ſéante dans une jeune Demoiſelle que dans un homme , & finit par lui dire qu'elle avoit deſſein d'inviter à dîner pour le lendemain Madame Stanley & ſa fille, à moins qu'elle n'eût quelque objection à propoſer à cet arrangement. Léonore , profitant de la leçon que Milady venoit de lui faire ſur la ſincerité , déclara que cette propoſition lui faiſoit plaiſir, & en remercia beaucoup ſa grand'maman.

Il n'eſt pas ſurprenant que la douce Léonore eût ſoupçonné d'abord ſa grand'-

maman de ne pas parler férieufement,
fon langage étant fi contradictoire & fi
oppofé a toutes fes idées & les projets
précédents. En effet, le changement de
cette Dame paroît un peu difficile à expliquer. la vérité eft que, quelque forte
qu'eût été la paffion du Lord Belfont
pour Léonore, il lui étoit échappé certaines expreffions, qui ne marquoient
pas des égards bien vifs pour Milady
perfonnellement. Quoique l'âge foit
refpectable, le terme de *vieille femme*
n'eft pas une expreffion fort ufitée par
un flatteur : fi le titre de *Douairiere* eft
honorable, ceux qui ont envie de faire
leur cour à une femme veuve de condition, l'emploient rarement, fans y
ajoûter quelque épithère refpectueufe.
La qualité de grand'mere eft belle, &
il n'y a point de femme qui n'ambitionne
d'y parvenir; on peut pourtant appliquer
ce nom refpectable de façon qu'il n'annonce pas beaucoup de refpect ou d'eftime. Cependant Milord s'étoit fervi de
ces expreffions, en parlant de Lady Filmore, & elles ne contribuoient point à
écarter les mauvaifes impreffions, que
l'irrégularité de fa conduite avoit faites

dans l'esprit de la bonne Dame.

Peut-être ces choses paroîtront - elles trop futiles pour être d'aucun poids auprès d'une Dame d'aussi bon jugement que Lady Filmore ; mais il en est souvent de l'esprit humain comme d'un puits, profond : le plus petit caillou qu'on y jette, tombe aussi sûrement au fond, que la plus grosse pierre, quoiqu'il ne fasse pas tant de bruit dans sa chûte. Les petites négligences, des omissions mêmes, auroient peut être suffi pour ruiner les intérêts du Lord Belfont auprès de Lady Filmore ; mais il y avoit ajoûté son triomphe impertinent dans la Cité. Cela donna un nouveau poids à tout le reste ; & Lady Filmore ne fut pas fâchée, je ne dirai pas, de se venger, mais de se mettre au niveau de lui, ou du moins de l'empêcher de jouir d'un second triomphe. Outre sa pique contre le Lord Belfont, peut-être que la bonne Dame auroit préféré Stanley, ne fût-ce que pour prendre une petite vengeance de l'ingratitude des Lloïd, en faisant voir à la mere que ce qui s'étoit passé dans la Cité, n'avoit pas, comme elle l'avoit prophétisé, avancé la poursuite du Lord Belfont , & en démontrant au fils que son reſſentiment à contre-tems & ſans fondement lui avoit fait préférer, non pas un Pair du premier rang & des plus riches , mais un ſimple Gentilhomme , & même le rival à qui il en vouloit ſi fort. Quelque mérite qu'eût Stanley , quelque conſtante qu'eût été ſa conduite reſpectueuſe envers Milady , la colere de cette Dame fit plus en ſa faveur que ſon propre mérite.

Quoique Lady Filmore, en écrivant à Madame Stanley , ſe fût excuſée de ſa conduite paſſée dans les termes les plus polis que le cas pouvoit le lui permettre , quoiqu'elle ſe fût abaiſſée juſqu'à demander permiſſion d'aller voir Madame Stanley dans la matinée , & qu'elle l'eût ſollicitée à renouveller leur ancienne amitié , Madame Stanley fut plus ſurpriſe de l'invitation , que diſpoſée à l'accepter.

Elle n'auroit en aucune façon voulu aider ſon fils dans une entrepriſe ſur une jeune Demoiſelle contre le conſentement de ſes amis ; c'eſt pourquoi elle avoit d'abord enjoint à ſa fille de ceſſer toute correſpondance avec Léonore : elle étoit pourtant un peu piquée de la maniere dont Milady Filmore avoit rompu avec elle. Cependant son fils, appuyé de sa sœur, firent tant, qu'à la fin, les excuses de la Dame furent jugées suffisantes. Monsieur Stanley le pere étoit allé ce jour-là à la campagne, & Madame Stanley n'eut pas de peine à céder à ses enfans. Lady Filmore arriva ; Madame Stanley la reçut avec plus de politesse que de cordialité ; & les Dames partirent toutes ensemble pour se rendre chez Milady.

Les jeunes Demoiselles furent charmées de se revoir, & les vieilles ne furent pas fâchées d'être seules. Lady Filmore ouvrit son cœur à Madame Stanley avec franchise, & lui dit, que le mérite de son fils & la constance de Léonore l'avoient enfin convertie ; qu'elle consentoit à leur union, pourvu que Monsieur Stanley leur assurât son bien, & leur donnât actuellement dix mille livres sterling, ajoûtant qu'elle donneroit une pareille somme à sa petite-fille, & outre cela leur feroit tant qu'elle vivroit, six cents livres de rente. Léonore ne fut pas plus réservée avec son amie,

& répéta tout ce que ſa grand'maman lui avoit dit.

Miſſ Stanley ſçavoit très-bien la joie que ſon frere ſentiroit de cet heureux changement de ſes affaires ; c'eſt pourquoi elle preſſa ſa mere de partir le plutôt que faire ſe pourroit après le diner. Imaginez toutes les joies du Ciel ouvert à la vue charmée d'un pecheur repentant, & vous pourrez concevoir quelque choſe du raviſſement de George, quand ſa ſœur lui apprit cette heureuſe nouvelle. Il reſtoit encore un point qui dépendoit de ſon pere ; c'étoit l'aſſurance qu'il devoit lui faire de ſon bien, choſe qu'il ne paroiſſoit pas diſpoſé à faire : car ſon fils, à ſon avis, ne s'étoit pas ſi bien conduit envers lui, comme pere, qu'il avoit pu faire auprès de ſa maitreſſe en qualité d'amant ; & même au fond, il n'étoit pas ſi fort porté pour ce mariage ; parce que ſçachant que Scrape ne l'aimoit pas, il ne comptoit pas qu'il voulût jamais leur rien donner. De plus, ſon fils n'étoit pas encore au fait de ſa profeſſion ; & il avoit fort à cœur que George fit un jour une grande figure dans le monde. Il imagina, peut-être

être avec assez de fondement , qu'une jeune femme, dont le mari est excessivement amoureux , n'est guères propre à l'exciter à l'étude. En un mot, Monsieur Stanley ne fut pas si réjoui que son fils de la proposition de Lady Filmore , & lorsque toute la famille se joignit pour le presser, (car Madame Stanley se réunit avec sa fille & le Capitaine Martin , pour le déterminer dans cette affaire ,) le vieux Gentilhomme répondit que son fils avoit déja dépensé beaucoup d'argent , & qu'il convenoit maintenant de songer à sa fille, & à lui assurer une fortune décente. Fanny s'y opposa avec beaucoup de véhémence, & le Capitaine Martin la seconda si fortement , qu'elle ne put s'empécher de rougir , non par aucun ressentiment de ce que Martin persuadoit à son pere de sacrifier sa fortune , pour opérer la satisfaction de son frere , mais par un principe bien différent.

Martin apperçut la petite confusion de fille de sa chere Fanny , quelques heures après, il en tira avantage , pour parler plus clairement qu'il n'avoit osé faire jusqu'alors. La jeune Demoiselle, qui en connoissoit tout le mérite , & ne se trompòit pas non plus fur les fentimens qu'elle éprouvoit pour lui , n'héfita point à lui permettre de fe déclarer à Monfieur & Madame Stanley. Les bonnes gens avoient trop d'amitié pour leur fille , pour ne pas être charmés de l'unir avec un homme qu'ils connoiffoient fi capable de la rendre heureufe. Le jeune Stanley fut enchanté de pouvoir appeller fon ami du nom de frere ; fon amour l'avoit empêché d'appercevoir celui de fon ami. Léonore fut bien-aife auffi de voir le cœur de fon amie dignement occupé de même que le fien. Monfieur Stanley le pere ne put tenir contre la voix générale. Satisfait de l'apparence que fon fils alloit devenir un homme bon & heureux , il ne foupira plus de l'idée qu'il ne feroit pas un grand homme ; & comme l'établiffement de fes deux enfans étoit tout ce qu'il avoit à defirer avant de mourir , il réfolut d'abandonner le commerce. En faifant l'inventaire de fes effets , il trouva qu'indépendamment de fon bien de campagne , qui valoit entr cinq & fix cents livres fterling de reven par an , il poffédoit pour environ treiz mille livres d'effets. Milady Filmor avoit eſtimé ſes richeſſes au de-là de ce qu'elles montoient réellement ; car ſur cette ſomme il falloit donner une dôt à ſa fille , & réſerver un revenu convenable pour Monſieur & Madame Stanley.

Lady Filmore demeurant un peu obſtinée à vouloir que ſa premiere propoſition de dix mille livres fût acceptée, Sir Walter Aprice , qui aimoit beaucoup Stanley , voulut arranger tout le différend ; mais toutes les parties refuſerent d'y conſentir , & le bon naturel même de Lady Filmore , ſon opinion favorable de Miſſ Stanley , les prieres de ſa petite-fille , la propre conduite reſpectueuſe de Stanley , tout contribua à la gagner : de ſorte qu'à la fin , il fut arrêté que Martin auroit cinq mille livres avec Miſſ Stanley; & ſi, dans ce moment, ſon frere deſira un accroiſſement à ſa propre fortune , ce ne fut que pour pouvoir ajoûter à celle de ſa ſœur. Il réſolut de faire tout ce qui ſeroit en ſon pouvoir pour cela, & c'eſt ce qu'il a effectué depuis. Il y a environ un an , qu'il lui a fait préſent de vingt mille livres du conſentement de Léonore. Le reſte de la fortune de

Monsieur Stanley & les deux mille livres que la bonne Dame Douairiere y ajoûta, elle voulut qu'on en achetât un Bien, & que Stanley s'engageât de payer à son pere & à sa mere, & au survivant des deux, six cents livres par an; elle convint aussi de payer au jeune Stanley six cents livres sterling de rente, tant qu'elle vivroit. Cette Dame prudente voulut que tout cela fût fait avec toutes les solemnités ennuieuses de la Loi; delay fâcheux pour l'empressement d'un amant plein de desirs. Cependant il en falloit passer par là; toute sa consolation fut qu'il eut la pleine liberté de voir sa Léonore. Malgré le plaisir que lui causoit cette permission, comme s'il étoit écrit que toutes les satisfactions humaines doivent être imparfaites, il y avoit une chose qui altéroit sa joie, même en la compagnie de Léonore : c'étoit le sort de Marianne. A chaque instant, en toute occasion, elle en avoit bien agi avec lui, & il n'avoit rien fait pour elle. George dont l'ame étoit remplie de générosité, pour ne pas dire qu'il abhorroit toute idée d'ingratitude, ne pouvoit songer qu'il dût toute sa bonne fortune au courage d'une fille qui s'étoit sacrifiée par amour pour lui, & que de son côté, il ne fît rien du tout pour l'en récompenser. Toute sa fortune étoit maintenant sur le point d'être fixée ; mais cet établissement étoit sous les yeux de la prudente Douairiere, de sorte qu'il ne lui restoit point d'espérance de rien faire pour Marianne, du moins jusqu'après son mariage : & alors cela pouvoit faire de la peine à sa Léonore. Cet embarras le rendit un peu inquiet. Léonore qui s'en apperçut voulut en sçavoir la cause. George lui avoua franchement la vérité ; que, quoiqu'il eût pour jamais rompu toute liaison avec Marianne, il se croyoit pourtant en honneur obligé de faire quelque chose en sa faveur. Convaincue du premier point, Léonore, sans hésiter, convint avec lui sur le second ; & avec des façons admirables, qui montroient qu'elle méritoit bien de posséder tout entier le cœur d'un homme de sens & de mérite, elle plaida elle même la cause de Marianne, auprès de sa grand'maman, & si efficacement, que l'on fit pour cette pauvre Allemande, un fonds qui, sans être superflu, étoit fort honnête. Monsieur Sim, le vieux Précepteur de George, avoit, par le crédit du Lord Belfont, obtenu quelque tems auparavant un Bénéfice dans un canton éloigné de la Province ; comme Marianne vouloit se retirer de la Ville, Stanley écrivit une relation entiere de toute l'affaire à ce Gentilhomme, & le pria de chercher un bon emplacement pour cette bonne fille. Cet honnête homme, touché de la singularité de sa conduite désintéressée, résolut de lui rendre tous les services qui dépendroient de lui ; en conséquence il la recommanda dans sa Paroisse, où elle leva une boutique de mercerie, dans le goût de Londres ; & elle se conduisit de façon à s'attirer l'estime de tout le monde. En un mot, elle est en chemin de faire une jolie fortune dans sa profession. Plusieurs personnes d'un caractere irréprochable & en belle passe, comme on dit, la recherchent en mariage ; mais Marianne a naturellement tant de délicatesse dans les sentimens, que convaincue du faux pas qu'elle a fait autrefois, elle est déterminée à ne jamais se mettre dans le cas de trom-

per aucun homme, mais à faire péni-
tence toute sa vie en restant fille.

Cette affaire que Léonore arrangea
ainsi, la rendit, s'il est possible, encore plus chere à Stanley, qui attendit
que les Procureurs eussent fini toutes
leurs procédures, avec bien de l'impatience ; tandis que Léonore ayant le plaisir de voir maintenant Stanley, & de
converser avec lui, se trouvoit si parfaitement heureuse, qu'elle ne desiroit
rien de plus.

Enfin tout se trouva arrangé ; cependant pas si secrettement, que le Lord
Belfont n'en eût connoissance. Sans envoyer un défi à Stanley, il eut soin de
le rencontrer un matin qu'il alloit chez
Lady Filmore, & exigea qu'il allât
promener avec lui dans la campagne.
Tous les deux avoient leurs épées ; ainsi
George ne put trouver aucune excuse,
quand son ancien ami l'obligea de la
mettre à la main. Il lui dit tout ce qu'il
put pour s'excuser, mais inutilement.
Milord lui dit : Abandonnez pour jamais
toute idée de Léonore, ou soutenez vos
prétentions l'épée à la main. Stanley
choisit le dernier sans balancer.

C'étoit moins l'amour que la colere, la mauvaise réussite & la vengeance qui animoient le Lord Belfont. Mais une espérance bien fondée & un amour content soutenoient les prétentions de Stanley : lorsque le Lord, avec un empressement, peut-être mal - séant à un homme de courage comme lui, tomba sur Stanley; celui-ci le reçut froidement : le succès répondit à l'entreprise ; l'ardeur du Lord le porta si loin, qu'il perdit son épée. Stanley la lui rendit aussi-tôt , en disant , qu'il ne vouloit pas donner la peine de demander la vie , à un homme qui méritoit si fort de vivre. Belfont ne sçut alors que faire. Se servir encore de son épée , contre un homme qui venoit à l'instant de lui accorder la vie , sa générosité le lui défendoit. Cependant falloit il abandonner ainsi sa maitresse à Stanley , cette idée le blessoit jusqu'au fond du cœur.

Tandis que le Pair examinoit ainsi ce qu'il avoit à faire , Stanley qui étoit la froideur même , & que la confiance de réussir dans ses amours, faisoit agir précisément de même que le Lord auroit agi dans tout autre cas que le sien propre , s'adreſſa généreuſement à Milord , reconnut toute ſon amitié , imputa ſon propre ſuccès à ce qu'il avoit déja gagné l'eſtime de Léonore , avant qu'elle l'eût connu ; ajoûtant que , comme elle avoit une fois placé ſon affection , ni rang , ni fortune , ni mérite , dit-il , quoique ſupérieur au ſien propre , ne pourroit l'ébranler. Pour tout dire, en cédant à l'orgueil de ſon antagoniſte , il trouva moyen d'arriver juſqu'à ſon entendement. En un mot, Milord remit ſon épée dans le fourreau , demandant ſeulement à Stanley de vouloir bien ſe marier ſecrettement ; enſuite ils ſe ſéparerent ; le Lord Belfont , fort mécontent, pour noyer ſes chagrins dans un cercle de plaiſirs , & Stanley pour trouver une ſatisfaction véritable , & un bonheur réel dans la poſſeſſion de la femme qu'il aimoit. Peu de jours après , l'aimable Léonore devint une joyeuſe mariée, dans la Terre de Lady Filmore , & Stanley le plus heureux des hommes.

***FIN** de la ſeconde & derniere Partie.*